LA BOLSA MEDICINAL

Don Jose Ruiz

LA BOLSA MEDICINAL

Ceremonias y rituales chamánicos para la transformación personal

Traducción de Núria Martí

URANO

Argentina – Chile – Colombia – España
Estados Unidos – México – Perú – Uruguay

Título original: *The Medicine Bag - Shamanic Rituals & Ceremonies for Personal Transformation*
Editor original: Hierophant Publishing
Traducción: Núria Martí

1.ª edición Octubre 2021

Plaza de los Reyes Magos 8, piso 1.º C y D – 28007 Madrid
www.edicionesurano.com

ISBN: 978-84-17694-11-1
E-ISBN: 978-84-17981-93-8
Despósito legal: B-12.469-2021

Fotocomposición: Ediciones Urano, S.A.U.

Impreso por: Rodesa, S.A. – Polígono Industrial San Miguel
Parcelas E7-E8 – 31132 Villatuerta (Navarra)

Impreso en España – *Printed in Spain*

DEDICATORIA

A todas las mujeres y hombres que han aprendido a dominar y crear la sanación en su vida, y que nos han dejado este legado chamánico sagrado procedente de las distintas tradiciones chamánicas del mundo.

A todos los que están sanando ahora su mente, su cuerpo y su espíritu para prestar un mejor servicio a los demás y a la Madre Tierra.

A las siguientes generaciones de portadores de la antorcha que transmitirán las enseñanzas sagradas de la bolsa medicinal.

ÍNDICE

PRÓLOGO

Cuando mi hijo Jose tenía once años, me lo llevé junto con Miguel, su hermano mayor, que tenía catorce en aquella época, a Madre Grande, una montaña en el sur de California. Aunque ya habíamos visitado la montaña anteriormente en acontecimientos familiares, como cuando fuimos de excursión y disfrutamos de un asado, Madre Grande también tiene una importancia especial para mí, ya que es donde Sarita, mi madre, una curandera, solía compartir con nosotros las enseñanzas sagradas de la tradición tolteca de nuestra familia. Sarita era la guardiana de su generación de la tradición de sabiduría familiar.

Después de llegar a Madre Grande aquel día, les pregunté a mis hijos si estaban preparados para que los iniciara en el camino tolteca y los dos me respondieron ávidamente que lo estaban. La ceremonia de mayoría de edad tuvo lugar hace unos treinta años, y marcó el inicio de un largo aprendizaje que seguirían para aprender los procederes de nuestros ancestros. Este largo aprendizaje culminó años más tarde al convertirse los dos en los principales maestros por sus propios méritos.

Si bien Jose y Miguel júnior tienen muchas cosas en común, han tomado unos caminos ligeramente distintos al compartir las enseñanzas de nuestra familia a su propia y única manera. Miguel júnior ha llevado las ideas a una comunidad tradicional en gran parte; en cambio, Jose se ha centrado en los orígenes chamánicos de la tradición tolteca y se ha dedicado a explicar estas enseñanzas antiguas de una manera que el mundo moderno pueda entender.

A diferencia de algunas formas de chamanismo, la tradición tolteca pone un énfasis especial en el amor incondicional y en la sanación personal como los medios que nos permiten transformarnos a nosotros mismos y transformar el mundo. En esta tradición se enseña que todos somos los artistas de nuestra propia vida y que, si no nos gusta la vida que estamos llevando, tenemos el poder de cambiarla.

En realidad, *solo cuando nos cambiamos a nosotros mismos podemos cambiar el mundo.* Este axioma lo han expresado de distintas formas muchos de los grandes maestros de todas las tradiciones espirituales.

Según mi opinión, hoy en día necesitamos este mensaje más que nunca. Cuando miramos a nuestro alrededor, vemos que en este bello planeta muchos seres humanos están sufriendo —mental, emocional, espiritual y físicamente—, por lo que no sienten el amor, la alegría y la paz de los que todos podemos gozar.

Ha llegado el momento de sanar esta clase de sufrimiento y eso es exactamente lo que te ayudará a hacer el libro que tienes ahora en las manos. En las siguientes páginas, mi hijo, don Jose Ruiz, comparte una serie de rituales y ceremonias de nuestra tradición tolteca que te ayudarán a armonizarte con tu parte más profunda y con el mundo que te rodea.

Las prácticas chamánicas que contiene te enseñarán a usar las materias primas de la vida —los elementos materiales del mundo natural, junto con tus pensamientos e intenciones— ya extraer su significado y su poder por medio de las ceremonias. Es la unión del espíritu y la materia, de la intención y la acción, para ayudarte a ti y ayudar, al mismo tiempo, a los otros seres de este bello planeta.

Para sanarnos a nosotros mismos, debemos contemplar nuestras heridas en lugar de apartar la mirada o intentar ignorarlas. Hacerlo requiere fuerza y energía, pero solo transformaremos nuestra vida cuando entendamos nuestras heridas y las sanemos.

En mi opinión, nunca ha habido un momento tan importante para hacerlo como ahora. Espero que uses las herramientas que Jose describe en estas páginas y crees la vida que te mereces.

Con todo mi amor,
DON MIGUEL RUIZ,
autor de *Los cuatro acuerdos*.

INTRODUCCIÓN

Hace entre tres mil y mil años, en la parte central del sur de México existía la próspera civilización tolteca. Según la tradición oral de mi familia, los toltecas construyeron el descomunal complejo piramidal de Teotihuacán, a unos cuarenta kilómetros al noreste de la actual Ciudad de México. Los aztecas —una civilización posterior que compartía la misma lengua, el náhuatl— reverenciaban la cultura tolteca por sus logros artísticos, literarios, médicos y religiosos.

Pero esta representación de los toltecas no es más que una pequeña parte de su extraordinario y fascinante legado. La sociedad tolteca se centró en muchos sentidos en el estudio de la mente humana para crear la mejor vida posible. Los toltecas no se limitaron simplemente a sobrevivir o a expandirse con campañas bélicas, sino que además fueron muy creativos y expresivos. En realidad, la palabra tolteca significa «artista» en náhuatl. El significado de la palabra artista no solo se refiere a una persona que pinta, esculpe o realiza formas tradicionales de arte. Los toltecas enseñaban que cada uno de nosotros es un artista, y el arte que creamos es la historia de nuestra vida. En cierto modo, se podría decir que los toltecas exploraron la psicología y el crecimiento personal en gran profundidad miles de años antes del nacimiento de Sigmund Freud o Carl Jung.

Como he señalado, los toltecas hablaban náhuatl, y me gustaría compartir una palabra muy importante en esta lengua por el papel esencial que desempeña en las ideas presentadas en este libro. La palabra es nagual, y como ocurre con muchas otras palabras, tiene dos significados. Por un lado, nagual se refiere a la energía de la fuerza vital, o la divinidad, que reside en ti, en mí y en todo. La energía del nagual es invisible y, sin embargo, nada podría existir o vivir sin ella. Y por otro lado, nagual también se refiere a las mujeres y hombres que sirven a la comunidad en la que viven como maestros espirituales, médicos, filósofos y curanderos. En este sentido, nagual significa «el que está despierto». En la actualidad, llamamos chamanes a este tipo de personas. En mi tradición tolteca me consideran un nagual, pero también me considero un chamán, porque es la palabra moderna con la que se describe la misma vocación.

También me gustaría aclarar que, como todos tenemos en nuestro interior la energía del nagual, cualquier persona puede convertirse en un nagual o chamán. En cierto modo, tú ya lo eres. Solo por el hecho de haber nacido bajo una forma humana ya significa que puedes elegir la vida que llevarás. Este hecho te convierte en un artista, en un creador de tu vida. Sin embargo, muchas personas la están creando sin saberlo, como si la estuvieran pintando mientras duermen.

En la actualidad es más importante que nunca recordar y valorar esta energía que todos poseemos, ya que podemos usarla para crear una manera mejor de existir en el mundo. En este libro comparto contigo una diversidad de rituales, prácticas y ceremonias concebidos para aprovechar esta energía creativa consciente y ayudarte a despertar a tus habilidades creativas y alcanzar tu potencial. Al realizar rituales repetidamente somos capaces de despertar.

El poder de los rituales y las ceremonias

En un sentido más amplio, cualquier ser humano de este bello planeta participa en una multitud de rituales diarios. Nos cepillamos los dientes, nos lavamos, comemos, vamos a trabajar y quizá nos ocupamos de las necesidades de los hijos y las personas mayores. También podemos realizar otros rituales sobre todo por diversión, como disfrutar saliendo a menudo por la noche con nuestra pareja, ir de vacaciones en verano o planear un encuentro familiar. Y en un sentido un poco más profundo, muchos también llevamos a cabo prácticas religiosas o espirituales en forma de rituales: por ejemplo, las ceremonias que celebramos en determinados días del año o en ocasiones especiales, como los nacimientos, las defunciones o las bodas.

Aunque la mayoría ya participemos en este tipo de rituales y ceremonias, los rituales de este libro se han adaptado a un aspecto de la vida totalmente distinto. Pretenden ayudarte en tu viaje del *despertar*. ¿A qué me refiero al decir «despertar»? He utilizado la palabra despertar porque en la tradición tolteca de mi familia decimos que los seres humanos están soñando todo el tiempo. Te lo explicaré.

En primer lugar, cada uno de nosotros está viviendo siempre lo que en la tradición tolteca se llama el *Sueño Personal*, que es nuestra propia perspectiva, cómo vemos el mundo de nuestro alrededor y le damos sentido a través de los relatos que nos contamos sobre lo que percibimos. Y en segundo lugar, también existe el *Sueño del Planeta*, o la suma de todos los Sueños Personales. Juntos forman la base de cómo creamos el mundo de nuestro alrededor y nos comunicamos unos con otros.

No estoy diciendo que los rituales y las ceremonias nos ayuden a despertar del sueño, sino que más bien nos ayudan a despertar *al hecho de estar soñando*. La mente lo que hace es soñar y contar relatos. No podemos dejar de soñar, lo único que podemos hacer es advertir que somos un animal soñador y trabajar con este talento de doble filo para cambiar el propio sueño. Por eso el principal objetivo de las prácticas de este libro es ayudarte a despertar al conocimiento de estar soñando y a crear tu vida en forma de un hermoso sueño.

Si miramos a nuestro alrededor, es fácil ver que muchas otras personas están viviendo una especie de pesadilla en la que sus actos surgen del miedo y no del amor incondicional. Al vivir de este modo se hacen daño a sí mismas y también se lo hacen a los demás con actos desde algunos tan pequeños como soltar comentarios crueles hasta otros tan importantes como las guerras entre países.

El objetivo del chamanismo tolteca es llevar el amor a cualquier parte de tu sueño, sobre todo a los aspectos de tu propio sueño en los que estás sufriendo. Después de todo, el amor es el poder que transforma un mal sueño en uno bello.

Cuando los rituales y las ceremonias se realizan de manera consciente, con el propósito correcto, van más allá del reino de los simples pensamientos y manifiestan tus deseos positivos en el mundo físico. De este modo, los rituales y las ceremonias fomentan tu transformación personal, dondequiera que te encuentres en tu viaje.

También me gustaría señalar que la palabra «propósito» tiene un significado especial en la tradición tolteca. Cuando llevas tu propósito a algo en este contexto, significa que diriges tu mente centrada, serena y clara a algo en concreto, ya sea un objeto, un deseo, una situación o incluso otra persona. Tu propósito es poderoso y aprender a dirigirlo conscientemente es una de las cosas que obtendrás de este libro.

Cuando haces un ritual o una ceremonia de esta forma, también estás conectando con la poderosa energía del nagual de tu alrededor, estás llamando a esta energía para que te ayude en el camino.

Recuperar el equilibrio

Como sin duda ya habrás advertido, por lo visto existe una gran escisión en el Sueño actual del Planeta. Por un lado, gozamos de la mayor libertad y prosperidad que el mundo ha conocido y, por el otro, muchos miembros de nuestra familia humana están en un constante conflicto con otros. También existen numerosas personas que se medican o se automedican desmesuradamente, y muchas otras que han olvidado la importancia de respetar los valiosos recursos de la Madre Tierra. La propia naturaleza está sufriendo en nuestras manos, y la supervivencia de nuestra especie y la del maravilloso mundo que habitamos están en juego.

¿Qué ocurrirá en el futuro? ¿Cómo podemos pasar del caos y el desequilibrio a un estado sanador de alineación? El primer paso es cambiar uno mismo y las prácticas de este libro están concebidas precisamente para ayudarte a conseguirlo.

Me gustaría compartir contigo una historia que resume el poder de los rituales:

Durante milenios, el Lobo había sido el guardián de un gran valle con bosques y campos, ríos y arroyos. Pero un día llegó al valle una figura encapuchada cubierta con una larga capa gris. La figura contempló horrorizada y aterrada al Lobo cuando este mataba a un alce. Por esta razón la figura mató al Lobo y a todas sus crías. El Lobo desapareció del lugar y, a medida que el tiempo transcurría, el valle se fue degradando. El río se volvió caótico: en una estación el agua desbordaba las orillas, y en otra el cauce se quedaba totalmente seco. Los pájaros cantores se alejaron volando hacia el cielo, y los cuervos y las águilas hicieron lo mismo. Los castores desaparecieron del lugar. Los alces y los ciervos al alimentarse sin cesar de las hojas de los árboles y la hierba, las acabaron arrasando. En cada solitaria noche reinaba el silencio y la soledad al no oírse los aullidos de la manada.

La figura de gris contempló este proceso, perpleja, hasta que una mañana un rayo de luz del alba le iluminó la cara. Fue cuando una voz le susurró que era hora de que regresara el Lobo.

La figura hizo una ofrenda para invitar al Lobo a regresar. En cuanto el Lobo volvió al hogar del valle, empezó a dedicarse a sus tareas sagradas: Aullar. Cazar. Conectar. Desplazarse. Matar. Dar.

Estos eran los rituales del Lobo. Estas fueron las formas en que manifestó su custodia sagrada del valle.

Con sus aullidos y cacerías, el Lobo obligó a los alces y ciervos a desplazarse por el valle. Los pastos prosperaron y se extendieron por el territorio. Los árboles, los matorrales y la hierba empezaron a buscar el sol y a crecer cada vez más. Los cuervos comenzaron a seguir a la manada de lobos por todo el valle, compartiendo los regalos de la carroña que les dejaban con las águilas y los osos. El castor, el cuidador de los ríos, volvió a habitar el lugar y construyó diques apilando los troncos de los árboles que talaba. Y en los diques se crearon estanques profundos de agua fresca para los peces y las ranas.

La figura cubierta con una capa estaba encantada de los cambios mientras las aguas del río volvían progresivamente a su cauce. El ritual de renovación se había completado y el miedo que la había llevado a matar al Lobo había desaparecido. Lo había reemplazado el agradecimiento por todo tal como era y todas las cosas volvieron a desempeñar su papel.

Esta parábola moderna es extraordinaria porque es cierta. Hace ochenta años los humanos (cubiertos con una capa de miedo y codicia) diezmaron la población de lobos en el Parque Nacional de Yellowstone. Más tarde, en 1995, se reintrodujo en el parque una pequeña cantidad de lobos. Esos animales sembraron una nueva vida de formas extraordinarias, restablecieron el ecosistema, repararon la ruptura de la red alimentaria, e incluso estabilizaron la estructura física del río.

Al igual que la lección de esta historia, los rituales y las ceremonias nos enseñan a actuar motivados por el amor en lugar de por el miedo, ya que esta es la forma de recuperar el equilibrio.

La adicción de la mente al sufrimiento

Como ya he señalado, el nagual describe la fuerza vital en el universo que le da vida a todo. La energía del nagual es inagotable, siempre está presente y llena de paz y bienestar. Y, sin embargo, la tradición de mi familia reconoce que la mente humana es adicta al sufrimiento. Esta adicción es la causante de la mayor parte de nuestra desdicha y nos impide ver la belleza que nos rodea.

Como cuando digo que uno de los mayores problemas de la humanidad es la adicción de la mente al sufrimiento la gente a veces se muestra confundida o incrédula, te lo explicaré con más detalle.

Considera todas las formas en que nos causamos sufrimiento. Trabajamos y luchamos para adquirir objetos que no necesitamos y después nos enojamos o entristecemos si no los obtenemos. Cuando los demás no se comportan como creemos que deberían hacerlo, los juzgamos y los castigamos privándolos de nuestro amor (ocurre de maneras importantes y pequeñas). Y, por supuesto, hacemos sufrir a los demás y a nosotros mismos con la violencia física y las guerras.

Esta lista sin embargo no incluye la forma más habitual con la que nos causamos sufrimiento, es decir, el sufrimiento generado con nuestros propios pensamientos. Somos el único animal del planeta que se rechaza a sí mismo. Nos decimos que no somos lo bastante buenos, que no nos merecemos que nos amen. Y nos contamos una y otra vez relatos de remordimientos por el pasado o de miedos por lo que pueda sucedernos en el futuro.

Nuestra mente le da vueltas a esos juicios, miedos y remordimientos en cualquier momento, a menudo cuando algo activa un recuerdo o una preocupación arraigada. Entregada al parloteo de los relatos negativos que nos contamos —comparando, juzgando y buscando problemas—, nuestra mente crea la mayoría del sufrimiento que sentimos.

Cada momento puede ser delicioso. Sin embargo, la mente está tan enganchada al sufrimiento que en su lugar crea desdicha, con frecuencia de la nada, llamando y manteniendo una especie de caos interior que nos deja sin energía y nos desconecta de la fuerza vital que nos rodea y apoya.

También me gustaría aclarar que no se trata de un fallo personal, todos tenemos esta adicción al sufrimiento en un grado u otro. Si adviertes esta tendencia en ti, no la uses como un argumento para machacarte más aún, reconócela simplemente como un hábito mental. El primer paso para eliminar esta adicción es advertir que existe y ver que tú eres el único que puede cambiarla. El viaje para liberarte de este sufrimiento consiste en despertar, y durante muchas generaciones mi familia ha estado enseñando este camino. Hemos sido maestros, guías y amigos de la humanidad, desde mi abuela, Sarita, y mi padre, don Miguel Ruiz.

Pero siempre lo hemos hecho (como todos los chamanes) sabiendo que cada uno debe encontrar su propio camino en el viaje. Después de todo, estamos creando nuestro sueño individual. La mente está hecha para soñar, no podemos dejar de hacerlo, pero en cuanto despertamos a esta verdad, advertimos cómo hilvanamos nuestros sueños con la negatividad. Los rituales y las ceremonias de este libro te ayudarán a reorientar la mente contadora de relatos hacia el amor y a alejarla del miedo.

¿Y si te dijera que en este viaje puedes llevar alrededor del cuello, cerca del corazón, una herramienta antigua muy poderosa? La bolsa medicinal es esa herramienta en sentido literal y figurado.

En el sentido literal, una bolsa medicinal es una bolsita, del tamaño de la mano, que se lleva colgada del cuello, aunque también se puede llevar en el bolsillo, en la mochila o en el bolso. Puede variar de tamaño, material y contenidos. Ten en cuenta que este tipo de bolsa la han estado usando miles de personas antes que tú mientras progresaban por su viaje del despertar. Puede contener oraciones escritas, tallos, huesos, piedras, plumas o conchas marinas. O también algún objeto que simbolice una visión, un elemento de la naturaleza de un lugar significativo o un talismán de un animal totémico. El contenido de la bolsa medicinal es una representación física que guía a quien la lleva consigo en su viaje interior. En el siguiente capítulo explicaré con detalle cómo puedes elegir tu bolsa medicinal, y en los restantes describiré cómo crear o elegir los objetos que contendrá para que te ayude en tu viaje.

En el sentido figurado, todos tenemos una bolsa medicinal que hemos estado llevando con nosotros la mayor parte de nuestra vida. Si lo ignorábamos es probablemente porque no se nos había ocurrido preguntarnos cuáles son las herramientas que hemos estado acarreando. Me refiero a las herramientas que usamos de manera automática: los juicios, las reacciones airadas, los remordimientos, los miedos y otras parecidas. Con estas herramientas creamos realidades negativas tanto para nosotros mismos como para los demás al intentar constantemente alimentar la adicción de la mente al sufrimiento.

Parte del viaje que haremos juntos en este libro consistirá en eliminar las prácticas y las creencias negativas de tu bolsa medicinal, y en reemplazarlas por virtudes como la confianza en uno mismo, la fe, la paz, el valor, la intuición y, lo más importante, el amor por ti mismo y por los demás. El amor es la herramienta más importante de tu bolsa medicinal interior. En realidad, es de donde surge cualquier otra herramienta positiva que puedas llegar a poseer.

El contenido de tu bolsa medicinal exterior tiene la misteriosa habilidad de fomentar la transformación de tu bolsa medicinal interior. Los objetos significativos, las oraciones y los símbolos del mundo natural te ayudan a recurrir a la fuerza del nagual de tu interior y de tu alrededor. Además, los rituales y las ceremonias de estas páginas están diseñados para acceder a poderosos conceptos y habilidades, como descubrir tu divinidad, la intuición, la autosanación y la conciencia plena. Aunque tu mente siga soñando un sueño tan convincente, por medio de estos rituales reconoces la verdad de que todo ya es perfecto —como debe ser—, incluido tú.

Cómo usar este libro

Este libro no trata de filosofía. Sí, contiene explicaciones para preparar el terreno, pero es un libro de prácticas que te ayudarán a lo largo de tu camino.

Por esta razón, imagina que sostienes entre las manos una especie de libro de cocina lleno de ideas inspiradoras, técnicas y recetas. Como ocurre con los libros de cocina, quizá desees probar los rituales de este libro, recrearlos, adaptarlos y, lo más importante, aplicarlos en tu vida. Algunos, como es natural, te atraerán más que otros. Solo debes probar los que te parezcan bien, e incluso puedes adaptarlos como consideres conveniente para tu camino personal.

El camino del chamán —el nagual— es un camino individual. Del mismo modo, los rituales que hagas deben ser únicos; adáptalos, si lo deseas, a tus circunstancias personales. Los rituales de este libro están concebidos para que cada chamán los practique con una intención creativa, ya que los chamanes siguen su verdad interior y no la autoridad ni la tradición de otros en su propio beneficio.

Puedes leer los capítulos de este libro siguiendo el orden en que aparecen o ir directamente al que te atraiga más. Pero tanto si eliges lo primero como lo segundo, te recomiendo que leas el capítulo uno, ya que es donde se explica la importancia de la autosanación y cómo puedes crear dos herramientas importantes que irán apareciendo a lo largo del libro: la bolsa medicinal y el altar personal.

También me gustaría hablar un poco sobre la preparación de un ritual o una ceremonia. Cuando prepares y reúnas lo que necesitas para las prácticas de este libro, procura hacerlo con una intención sagrada. No es simplemente un «tiempo de preparación», sino que también forma parte de la ceremonia. En cierto modo, el tiempo de preparación puede ser tan poderoso como la propia ceremonia, o incluso más poderoso aún.

Por ejemplo, una amiga mía fue en una ocasión a la casa de otra amiga para celebrar un ritual de cambio de estación. Cuando llegó se pasaron más de una hora preparando el altar y haciendo pequeños cambios en él: dispusieron las ofrendas en la mesa y las volvieron a colocar para que quedaran mejor, fueron también al jardín a cortar flores para ofrecerlas, se contaron historias de otras celebraciones, y escucharon música y bailaron un poco. Cuando terminaron, el altar irradiaba amor y celebración… y ya no era necesario hacer nada más. La preparación se había convertido en la propia ceremonia.

Cuando prepares y reúnas lo que necesitas para una ceremonia, no lo hagas apresuradamente sino con calma, siendo consciente de tus movimientos. Deja que tu corazón y tu mente vivan el presente, así le indicas a tu parte más profunda que es un momento especial del día que te has reservado para ti.

Y, por último, me gustaría señalar que una bolsa medicinal sirve sobre todo, como su nombre sugiere, para sanar, y lo cierto es que cuando nos sanamos a nosotros mismos, nos transformamos en el proceso. Cuando queremos transformarnos es a menudo porque estamos sufriendo. Nuestra adicción al sufrimiento es una especie de enfermedad, y cuando tomamos la medicina que necesitamos para sanar, el resultado es la transformación. El amor es siempre la medicina, y cada vez que lo elegimos, se da una y otra vez el ciclo de la autosanación al alinearnos con la energía del nagual de nuestro interior.

1
LA IMPORTANCIA DE LA AUTOSANACIÓN

En la tradición tolteca reconocemos que cada ser humano es un artista (recuerda que la palabra tolteca significa artista), y el arte que creamos es la historia de nuestra vida. Como a mi padre don Miguel Ruiz le gusta decir: «Si no te gusta tu vida, si no te gusta lo que crees sobre ti mismo, eres el único que puede cambiarlo».

La autosanación es lo que hace que sea posible un cambio duradero. La bolsa medicinal está concebida para ayudarte a lograrlo.

Quien me contó la importancia de sanarnos a nosotros mismos fue una de las chamanas más poderosas que jamás he conocido: mi abuela. Era la guardiana de la tradición oral de nuestra familia y compartió su sabiduría con mi padre, mis hermanos y el resto de la familia para que las generaciones futuras la transmitieran, la difundieran y la pusieran en práctica. Este fue su gran regalo.

Mi abuela era una curandera poderosísima, y su práctica de autosanación la conectó con la fuerza de las generaciones que la precedieron, con la naturaleza, con su profunda fe religiosa y con el poder sanador de la Madre Tierra.

Por medio del ejemplo de mi abuela, aprendí tres cosas esenciales:

1. Cuando nos autosanamos, creamos unos sólidos cimientos para nuestra vida.

2. Cuando nos autosanamos, no solo estamos preparando para autosanarse a nuestros seres queridos, a los que influimos directamente, sino a toda la humanidad.

3. Cuando nos autosanamos, reclamamos nuestro lugar como guerreros toltecas.

Para quienes no sepan lo que es un guerrero tolteca, esta palabra no se refiere a la violencia física, sino a las personas que se han comprometido a observar su propia mente y eliminar cualquier negatividad que descubran en ella. El guerrero tolteca se compromete a acabar con la adicción de la mente al sufrimiento.

Al hablar de esta capacidad de los toltecas, no me estoy refiriendo a la civilización antigua que floreció hace dos mil quinientos años, sino a los toltecas de la actualidad, a todos aquellos que somos conscientes de ser los artistas de nuestra vida y que nos hemos comprometido a crear una bella obra de arte. Al mismo tiempo, es importante recordar que no estamos empezando esta labor, sino que las generaciones anteriores fueron las que nos transmitieron este conocimiento y nos ayudaron a llegar a este punto de nuestra vida. Ahora podemos elegir trascender, crecer y progresar. Lo digo para recordarte que aunque tú seas, junto con tu propósito, el único que pueda llevar a cabo la práctica de autosanación, no estás solo en tu camino. Mientras trabajas en tu autosanación no olvides que te apoyan la fuerza y el amor de los guerreros que te precedieron.

Para empezar tu viaje ceremonial, crearás dos herramientas especiales a las que me iré refiriendo de vez en cuando a lo largo del libro: la bolsa medicinal y el altar personal.

Tu bolsa medicinal

Una bolsa medicinal es un objeto tradicional en muchas culturas indígenas que contiene una variedad de objetos sagrados únicos para su propietario. Es como una piedra de toque física que te mantiene centrado en tu camino mientras te mueves por el mundo viviente. En momentos de estrés, te sirve de lastre para que no pierdas de vista lo primordial, y su peso y textura te recuerdan constantemente que formas parte de una historia más importante, y que estás recorriendo el camino de la autosanación y del crecimiento personal.

Algunas personas siempre llevan encima una bolsita medicinal colgada de una correa o un cordón alrededor del cuello, o en el bolso, la mochila o el bolsillo. Y otras llevan consigo una un poco más grande cuando celebran ceremonias. Muchas bolsas medicinales tradicionales son de cuero o piel, y están hechas a mano. Aunque la tradición es importante, cualquier tendencia establecida debe crecer y cambiar junto con la cultura para conservar su poder y su importancia. Tal vez descubras que prefieres adquirir una bolsa medicinal artesanal, o que te gusta más una de algodón, lino o fieltro. Tanto si es una bolsa tradicional como si no lo es, tiene que gustarte, porque lo más importante es el trabajo interior que harás con ella. Conecta con la parte más profunda de tu ser para llenarla de energía sanadora y de objetos que tengan un gran significado para ti.

Si decides hacer una bolsa medicinal, elige en primer lugar el tamaño que tendrá. Si es para llevarla colgada del cuello, en el bolsillo, en el bolso o en la mochila, tiene que ser pequeña, de un tamaño que te quepa en la palma de la mano. Una bolsita con un cordón ajustable es bastante fácil de hacer, solo tienes que cortar dos trozos de tela (o de cuero, si lo sabes trabajar), unirlos cosiéndolos por tres lados, darle la vuelta a la bosa, y coser un trozo de cordel o cordón en la abertura para poder cerrarla. Las bolsas más grandes para los objetos ceremoniales se elaboran de la misma forma, a la escala que desees. En Internet encontrarás diversos tutoriales.

Una vez hecha, la puedes decorar si quieres con abalorios o bordados, o le puedes pintar los símbolos únicos de tu propio camino que tengan un significado especial para ti. Como la bolsa en sí es un objeto sagrado, dedica el mismo tiempo y atención para hacerla o elegirla que para los objetos que pondrás dentro.

Si decides comprar una bolsa medicinal, busca varias opciones diferentes y espera a que la adecuada te elija a ti, lo sabrás cuando la veas. Sostén en la mano distintas opciones si es posible y descubre si sientes que alguna es la «correcta» para ti, o si captas alguna señal de la naturaleza en ese momento. ¿Volaron unos pájaros sobre ti cuando cogiste una bolsa en concreto? ¿Oliste de pronto un aroma conocido en el aire? Tómate tu tiempo. Cuando dejas que el objeto sagrado te elija a ti en lugar de ser al revés, consigues algo perfecto que no lo habría sido tanto de haberlo elegido tú.

En cuanto hayas hecho o encontrado tu bolsa medicinal, pon dentro lo que quieras. No te apresures. Resístete al impulso de llenarla de golpe. Medita para averiguar lo que pondrás en ella y lo que es mejor que dejes en tu altar (un tema del que hablaré más adelante). Estos objetos pueden ser piedras pequeñas, regalos de tu animal espiritual (plumas, pelaje), plantas secas, conchas diminutas, oraciones escritas en papel. Piensa en tus objetos personales más valiosos, que juntos representen tu espíritu único y sean un poderoso símbolo de tu viaje. En los siguientes capítulos te sugeriré los objetos —sanadores y transformadores— que puedes crear para incluirlos en tu bolsa medicinal.

Cuando tu bolsa medicinal esté completa, dedica si lo deseas un tiempo a bendecirla dejándola bajo la luz del sol o de la luna, o recitando oraciones o cánticos, mientras te concentras en el nuevo papel que tendrá como piedra de toque en tu camino espiritual o de autosanación.

Y, por último, deja que tu bolsa medicinal evolucione como lo haces tú. Quizá sientas el deseo de añadirle o sacarle algo guiado por tus sueños, tus caminatas sagradas, tus viajes en busca de una visión, tus necesidades autosanadoras, o tus encuentros con tu animal espiritual. Sigue tu intuición, no hay una forma correcta o incorrecta de hacerlo. La bolsa medicinal es una bendición sagrada que te acompaña dondequiera que vayas.

Tu altar personal

Además del poder de la bolsa medicinal, muchas culturas tradicionales reconocen la importancia de crear un lugar sagrado para la reflexión espiritual que una el mundo visible con el mundo invisible. Un altar personal refleja este antiguo concepto: un lugar respetado, reservado para este fin y cuidado a fondo, imbuido de belleza y devoción, donde se encuentran lo sagrado y lo cotidiano. En muchos sentidos, tu bolsa medicinal es como un pequeño altar portátil, ya que contiene objetos de un gran poder sagrado que reflejan tu camino personal. Montar un altar en tu hogar también apoya tu singular viaje, expande el poder de tu propósito sagrado por toda tu casa y te ofrece un valioso espacio para la práctica ceremonial.

En la tradición tolteca tu altar personal es una metáfora de tu espíritu único y de tu lugar en el universo. No hay una regla para la creación de un altar, puede ser minimalista y sencillo, o estar repleto de colores y texturas. Ante tu altar puedes recitar oraciones o mantras, establecer tu propósito y reflexionar sobre él, meditar, realizar rituales y ceremonias, hacer ofrendas y entonar canciones. Como la bolsa medicinal, te recuerda físicamente el viaje que estás realizando, es la sede principal de tu corazón divino.

Tal vez quieras cambiar el tema temporal de tu altar y rendir homenaje a los seres queridos que han fallecido poniendo sus fotos en él (hablaré de ambas prácticas más adelante). Un altar es un lugar para descansar del ritmo frenético de la vida cotidiana, donde adviertes si tu mente está atrapada en la trampa del sufrimiento. Un altar es la señal que les indica a los espíritus y a las fuerzas del mundo viviente que estás listo para avanzar en tu camino.

El altar de cada persona es distinto, pero aquí tienes algunas sugerencias para empezar a crearlo:

En primer lugar, busca en tu casa un espacio donde lo puedas poner: encima de un tocador o un armario, en una mesa auxiliar, un estante, una mesilla de noche, en la repisa de la chimenea o en un rincón del jardín de tu casa. Incluso puedes hacer tu altar con una plancha de madera, una mesita o un carrito con ruedas para guardarlo cuando no lo uses. Los altares se pueden adaptar a cualquier superficie o espacio, no te preocupes si el único lugar donde lo puedes poner al principio es en un rincón del tocador. Incluso una simple vela votiva con uno o dos objetos pequeños puede ser un altar tan poderoso para centrarte en tu propósito como otro de lo más elaborado.

Una vez hayas elegido el lugar, despeja y consagra este espacio. Quita el polvo y limpia la energía del lugar con incienso o con la ceremonia de la sal (la describo en el capítulo nueve). En cuanto el espacio esté listo, dedica un tiempo a elegir los objetos de tu altar. Tal vez ya dispongas de algunos que sean perfectos para ese espacio, o quizá tengas que ir a buscar objetos significativos para ti en la naturaleza o en alguna otra parte. En el altar puedes poner flores recién cortadas, cristales y objetos naturales recogidos en tus caminatas sagradas, como piñas de pino, conchas, plumas o piedras. También puedes poner una botella llena de agua de algún río, lago o manantial especial; una campana, un libro de oraciones o cualquier otro texto sagrado; una taza o un cuenco lleno de agua, plantas, tierra, piedras u objetos pequeños; fotos de seres queridos; estatuas o imágenes de espíritus o de deidades, y velas o incensarios... Tienes muchas opciones.

Cuando hayas dispuesto los objetos en el altar, dedica un tiempo a encender las velas, quemar incienso, cantar acompañado de un instrumento. Coge cada objeto de uno en uno, piensa en el significado y en la importancia que tiene para ti, y recita una breve oración. En cuanto hayas creado el altar, puedes volver a él en cualquier momento, aunque solo sea por unos instantes, para renovar tu sensación de propósito y conectar con el mundo viviente. No te sientas obligado a celebrar ceremonias largas y elaboradas, incluso el simple acto de tomar un objeto del altar y sostenerlo entre las manos pidiendo una bendición te hará sentir renovado ese día.

Tu altar también es una expresión de tu arte. Es un reflejo orgánico y espiritual de la historia de tu vida. Deja que su belleza se convierta en un recordatorio de lo bello que eres, en una ventana para conectar con los mundos invisibles.

Comprométete a autosanarte

En cuanto hayas creado estas dos importantes herramientas del modo en que a ti te funcionen, será el momento de dar tu primer paso ritual hacia la autosanación. Esta ceremonia se basa en una que aprendí de mi abuela. Sirve como iniciación y compromiso de autosanación, y es un poderoso objeto recordatorio que te apoyará en tu viaje de autosanación. En esta práctica combinarás los objetos con una foto tuya para alinear su belleza y fuerza contigo. Esta ceremonia simboliza el descubrimiento de que eres el artista de tu vida y que aceptas que la autosanación es el primer paso para crear la obra maestra de la historia de tu vida.

Prepara y reúne:

- Una foto tuya.
- Un tarro de cristal o cualquier otro recipiente pequeño con tapa.
- Varios objetos pequeños desechables que representen la autosanación o que sean significativos y atractivos para ti (por ejemplo, conchas, flores, piedras, madera encontrada flotando en el agua, piñas de pino, retazos de colores).
- Incienso (opcional).
- Agua.

Para empezar, mete tu foto y los objetos desechables en el recipiente. Si usas incienso, desmenuza un pedacito y añádelo también. Después llena el recipiente de agua. El agua es un símbolo universal de vida y, al igual que el aire, es un conducto para el intercambio de energías entre los objetos. Todos estamos conectados por medio del aire que respiramos y el agua que intercambiamos a través de nuestro cuerpo.

A continuación, establece tu propósito de autosanarte y convertirte en el artista de tu vida, observa tu respiración y cualquier sensación que sientas, y di el siguiente mantra en voz alta:

> «Me comprometo a estar sanando continuamente mi parte más profunda, a abrir mi corazón, a cuidar mi cuerpo, a cuidar mi mente y a dejar mi adicción al sufrimiento. Soy el artista de mi vida y estoy listo para crear mi obra maestra».

Después, tapa el recipiente y déjalo en algún lugar durante tres días sin tocarlo. Acabas de crear un poderoso recipiente gestante, donde la energía de los objetos se unirá con tu propia energía. Durante los tres días siguientes cada vez que veas el recipiente o te acuerdes de él, dedica un momento a sentir el poder de tu propósito y a enviarle al recipiente gestante esta energía positiva. A los tres días, escurre el agua del recipiente y saca tu foto.

Esta foto tiene ahora el poder de los objetos, del agua y de tu intención. Mientras está aún húmeda, sostenla entre las palmas de las manos y cierra los ojos. Agradece la energía que ahora posee. Deja después tu foto al sol para que se seque y absorba más energía poderosa aún, y ponla a continuación en un lugar significativo para ti, quizá dentro de tu bolsa medicinal, encima del altar, o entre las páginas de tu diario o de un libro que leas con regularidad. Lo importante es dejarla en un lugar especial donde la veas a menudo, porque te recordará tu compromiso de autosanarte y de ser el artista de tu vida.

Esta ceremonia me encanta porque establece el propósito de autosanarte y es a la vez una representación física de este propósito. La foto que has impregnado con la energía de estos objetos representa ambas cosas. Ahora tiene esta energía, y tú también.

2

ALINÉATE CON EL PODER DE LA NATURALEZA

Cada primavera mi padre, mi hermano Miguel júnior y yo viajábamos a Sedona, en Arizona, para acudir a la Reunión de los Chamanes que se celebra cada año en este lugar. La zona, cerca del Gran Cañón, conocida ahora como el norte de Arizona, es un lugar sagrado para muchas tribus amerindias, incluidas las de los hopis, los yavapais, los havasupais y los navajos.

Si vas un día a visitar Sedona, comprenderás al instante por qué es un lugar sagrado. Sus rocas rojizas son una combinación inigualable de belleza y poder. Sedona, el lugar donde se encuentran muchos vórtices (centros energéticos), un destino desde hace muchos años para los buscadores, ayuda a acelerar la exploración interior, la meditación y la autosanación. Su parte más conocida, el Gran Cañón del Colorado, es una imponente y espectacular garganta de más de 350 kilómetros de longitud, esculpida durante millones de años por el río Colorado. El cañón deja cada año a miles de visitantes sin habla, maravillados por la escena de la arrolladora danza de la tierra y el cielo, y por el inmenso poder del agua que ha erosionado las rocas más duras. Su espectacular inmensidad es inspiradora y nos conciencia al mismo tiempo de lo pequeños que somos frente a su fuerza.

Aunque ver el imponente paisaje de Sedona o del Gran Cañón del Colorado sea impactante, no es necesario viajar al norte de Arizona para gozar de la belleza y los beneficios de estar en comunión con la naturaleza. En realidad, la naturaleza se encuentra por todas partes, en el aire que respiramos y en el agua que bebemos, y no podríamos librarnos de ella aunque quisiéramos. *Somos* naturaleza y la naturaleza es nosotros. Ser un ser humano es formar parte de la vida con toda su complejidad, evolución e interconexión. El camino de los chamanes consiste en vivir de una manera que refleja la verdad de que toda la vida está conectada.

Como el mundo de la naturaleza es pura vida, está repleto de poder tanto creador como destructor. El agua puede llegar en forma de lluvia revitalizante o de inundaciones aterradoras. El fuego puede cocinar nuestra comida y mantenernos calientes en invierno, o arrasar bosques enteros. Una refrescante brisa es muy agradable en un caluroso día de verano, pero los tornados y los huracanes provocan daños inimaginables cada año. Y los terremotos sacuden los edificios más sólidos, aunque dependamos cada día de la estable tierra bajo nuestros pies. Por estas razones y por otras, la naturaleza se merece todo nuestro agradecimiento y respeto.

La naturaleza es también una gran sanadora. Incluso la ciencia moderna se está poniendo al día, cada vez de forma más visible, en lo que respecta a esta antigua sabiduría. En el *New York Times* se publicó en 2018 que una variedad de estudios científicos sugerían que la exposición a los árboles y las plantas refuerza el sistema inmunitario y reduce además el nivel de las hormonas del estrés y la presión arterial. Esta noticia, sin embargo, no sorprendería a los chamanes de mi tradición familiar, sobre todo a mi abuela, que nos enseñaba una poderosa ceremonia para aprovechar la energía de los árboles que ella usaba como curandera.

Nos decía que las ramas y las hojas que vemos por el suelo y que en el mundo moderno se consideran «basura», son símbolos importantes del poder de la naturaleza. Han crecido gracias al poder de la Madre Tierra y del Padre Sol. Han recibido la caricia del viento y se han estado nutriendo del agua. La mente pensante no suele apreciar la inigualable habilidad creadora de la naturaleza. Ni las estructuras más increíbles ni la fascinante tecnología creada por el ser humano podrán competir jamás con la complejidad de una simple hoja. Por esta razón me gustaría empezar este capítulo sobre la naturaleza con una ceremonia basada en lo que mi abuela nos enseñó.

En comunión con la naturaleza

Prepara y reúne:

- Un tarro, una botella o un termo lleno de agua.
- Una paleta pequeña de jardinería para cavar (opcional).

Para empezar, busca un lugar tranquilo en un espacio natural donde puedas estar solo sin que te interrumpan al menos durante treinta minutos. Cuanto más aislado esté, mejor, aunque también puede ser en el jardín de tu casa, en el caso de que lo tengas. Recoge dos o tres ramas pequeñas que hayan caído de los árboles cercanos y que tengan aún algunas hojas.

En cuanto hayas recogido varias ramas con hojas, apílalas ante ti. Dedica unos momentos a reflexionar sobre cómo han llegado a existir estas ramas y lo que representan. Todo empezó con una semilla que arraigó en la Madre Tierra: la vivificadora agua de lluvia la bautizó, recibió el calor y la luz del Padre Sol, el aire la sustentó y creció alzándose hacia el cielo. Piensa en lo importantes que son las hojas en el proceso. Toman el agua, sintetizan la energía solar y absorben el dióxido de carbono del aire. Ahora que han caído al suelo, se descompondrán y fertilizarán la tierra para que crezcan otras plantas. Estas ramas son un milagro, representan el poder de la vida y de la Madre Naturaleza. Simbolizan la vida y sus ciclos.

Abre ahora el recipiente y echa un poco de agua sobre las ramas, incluidas las hojas. Deja que el agua penetre durante unos momentos y después di el siguiente mantra:

Que estas ramas representen esta verdad:

todo cuanto hay en la naturaleza
sigue sus propios ciclos,

transformándose de una cosa a la siguiente,
para siempre jamás, continuamente, y en este momento.

Les agradezco sus regalos, por compartir
su energía y poder,

y las devuelvo a la tierra
de donde brotaron.

Arranca ahora algunas hojas y frótate con movimientos ascendentes y descendentes una pequeña zona de los brazos, invitando al poder de la naturaleza a llegar a tu corazón. Estás entrando en comunión con las ramas, un símbolo de todo lo que tiene vida, y dando la bienvenida a la energía que te ofrecen.

Cuando hayas terminado de frotarte los brazos con las hojas, siéntate en silencio todo el tiempo que desees, y absorbe las imágenes, los sonidos y los olores de la naturaleza. Este es tu verdadero hogar, el receptáculo de toda la vida.

Para concluir la ceremonia, recoge un poco de tierra del suelo con la paleta y échala sobre las ramas apiladas para cubrirlas en parte. De esta manera las estás devolviendo simbólicamente a la tierra de donde salieron. No es necesario que las entierres del todo, la naturaleza decidirá cuál es su mejor destino. Mientras las cubres, ofrece una oración de reconocimiento y gratitud a estas ramas y a los elementos del mundo natural por hacer que existan.

Tal vez desees meter una hoja en tu bolsa medicinal; de ese modo, cuando estés en una gran ciudad o en un lugar que parezca muy alejado del esplendor de la naturaleza, será tu conexión con ella. O también puedes dejarla en el altar para que te recuerde el poder extraordinario de la naturaleza. Un día esta hoja se marchitará y desmenuzará, y entonces sabrás que ha llegado el momento de realizar esta ceremonia de nuevo.

Alinéate con los ciclos

La naturaleza trata también de ciclos. El día se convierte en noche. Las estaciones van cambiando a medida que la tierra gira alrededor del sol. Una semilla germina para convertirse en una planta, y más tarde la planta muere y fertiliza la tierra en la que crecerá una nueva semilla. Aunque estamos rodeados de ciclos, la mente occidental se empeña en encontrar patrones lineales en prácticamente todo, aunque ahora la ciencia está aceptando algunos de los fallos de esta forma de pensar.

Presencié un buen ejemplo de este cambio en la actitud occidental ante la naturaleza un día en que, al salir del colegio, el hijo de un amigo mío vino a casa con un trabajo de la clase de ciencias. Estaba estudiando la «red alimentaria». En cambio, cuando yo iba al colegio, y quizá sea también tu caso, se llamaba la «cadena alimentaria».

Este cambio en la terminología es esencial.

El modelo de la cadena alimentaria es muy lineal y sugería una cosa detrás de otra hasta llegar a la punta de la pirámide, el lugar donde se encuentran los seres humanos y los otros depredadores, rechonchos y felices. Mi mente no pudo nunca entender todas las incoherencias de este modelo. ¿Y qué pasaba con las plantas y los animales que nadie se comía, como el roble venenoso, las mofetas o los peces globo? ¿Se encontraban también en la punta de la pirámide? Y lo más importante de todo, ¿el ciclo de la vida consistía simplemente en comer y ser comido? ¿No había otras formas en las que el ciclo vital de cada animal enriqueciera y equilibrara el de otros? Este fue sin duda el caso de la exitosa reintroducción del lobo en el Parque Nacional de Yellowstone: aunque no siempre se pueda ver una relación directa, el equilibrio del valle entero depende de la fuerza de cada una de sus partes. Por esta razón, la idea de una red alimentaria parece más acertada y más apasionante que la de la cadena alimentaria.

Se vuelve más fácil hablar y pensar sobre cómo los pequeños cambios que realizamos cada uno de nosotros pueden incidir realmente en la totalidad del sistema.

Al contemplar a nuestro alrededor el Sueño del Planeta, es fácil ver que el pensamiento lineal que creó el antiguo modelo de la cadena alimentaria sigue siendo la construcción predominante de muchas cosas, incluida la «progresión» de nuestra vida, o la historia misma. Nos animan a ir al colegio, a trabajar, a tener pareja, a ser padres: hagamos lo que hagamos, es mejor que pasemos a la «siguiente etapa» de la vida, en la que cada hito nos promete la felicidad. Pero ¿acaso esta clase de progresión lineal ha producido nunca una felicidad duradera?

La tradición tolteca te invita a ir más allá de la visión de la vida como un viaje lineal que discurre de la A a la B, y de la B a la C, para verlo en su lugar como ciclos. Este simple cambio de mentalidad te ayuda a armonizarte con la naturaleza —ya que esta siempre sigue los ciclos—, y con la propia vida. Piensa en cómo fluye la energía. En cómo el agua y los otros elementos se transforman de sólidos a líquidos, y de líquidos a gaseosos. Cómo las plantas y los animales crecen y se propagan. Los ciclos reflejan el estado de sueño y el estado de vigilia, el paso de las estaciones, la rotación y el arco de la tierra en el espacio, el discurrir de las generaciones y muchas otras cosas más. En términos chamánicos, cuando dejamos de ver la vida de forma lineal y aceptamos los ciclos, advertimos que todo tiene sus propias estaciones: las relaciones, la salud, la economía y la profesión. Al no sembrar en invierno, en el sentido literal y figurado, nos ahorramos un montón de tiempo y energía.

Si la analizamos con más detenimiento, vemos que esta mentalidad lineal solo la tenemos los seres humanos. Como nuestro punto de vista nos viene de la mente, tal vez nos cueste aceptar que el pensamiento lineal es una invención humana. Pero no olvides que en el pasado la mente humana creía que la tierra era plana y ahora sabemos en cambio que es redonda. También sabemos que la energía no se crea ni se destruye, solo se transforma en otra cosa. Lo cierto es que en realidad nada nace ni muere.

A medida que descubrimos los beneficios de trascender el pensamiento lineal, vemos que la sabiduría de los ciclos naturales nos puede ayudar en muchos momentos de la vida. Cuando tenemos, por ejemplo, problemas con algún aspecto de nuestra vida, podemos recordar que todo lo que hay en la naturaleza experimenta algún tipo de muerte y de renacimiento, y normalmente alguna clase de reposo o de hibernación. Y esto nos da esperanzas. En el solsticio los días más oscuros de invierno empiezan a alargarse un poco más a cada día que pasa. La primavera regresa. Es más, estar en sintonía con el paso de las estaciones fomenta la bella y esencial aceptación de las cosas tal como son, nos recuerda en todo momento que «esto también se acabará un día». No hay mejor maestra para ayudarnos a aprender esta lección que la naturaleza. El cielo siempre está presente y las nubes son pasajeras. El capullo de hoy se abrirá el día de mañana y dará frutos.

Además, los ciclos y el paso de las estaciones nos ofrecen un montón de oportunidades para celebrar. Nos permiten bajar el ritmo y saborear esta preciosa vida que estamos creando. Como, por ejemplo, la llegada del solsticio de verano festejada con hogueras, o el festival de las luces celebrado en pleno invierno con velas y cánticos. Las estaciones nos recuerdan que nos conviene bajar el ritmo y volver a conectar con la naturaleza. Y además nos animan a emprender una vigorosa actividad como, por ejemplo, cuando nos ponemos a limpiar la casa en primavera, o a trabajar el doble durante la cosecha de otoño.

Las estaciones de nuestra vida también nos producen el mismo efecto. Es de lo más gratificante estar en sintonía con ellas y celebrar los ciclos de crecimiento y madurez, desde el nacimiento de un niño hasta el paso a la adultez y la experiencia de ser padres; incluso una muerte consciente es un gran regalo.

Aunque también podemos descubrir que algunas de nuestras ideas sobre las estaciones de la vida son falsas y cambiar, al verlo, los acuerdos que hemos hecho con nosotros mismos. Por ejemplo, una querida amiga mía llevaba décadas dedicada en cuerpo y alma a su profesión. Le apasionaba, era muy exitosa en su campo y hacía una gran labor en el mundo. Pero un día decidió jubilarse y, al hacerlo, descubrió enseguida que debía actualizar sus ideas sobre esta estación de su vida. Tanto sus padres (al contrario de ella, habían detestado el trabajo al que se habían dedicado) como la sociedad le habían enseñado falsamente que a los sesenta y cinco años uno «deja» de ser productivo. Pero en ese momento de su vida era precisamente cuando más experta y sabia era. Mi amiga trabajó sus sentimientos sobre este cambio estacional en su vida y se comprometió profundamente a seguir trabajando en lo que le apasiona y se le da tan bien.

Cuando observamos a fondo la vida vemos que los ciclos están por todas partes y que una de las formas más poderosas de tenerlos presentes es montar un altar estacional y añadirle o quitarle objetos en cada cambio de estación.

Aunque varíen de un sitio a otro, dependiendo del lugar donde vivas, las estaciones moldean nuestro mundo. Nos llenan los sentidos de colores, luces, olores y cambios de temperatura, y le imprimen un ritmo estable a nuestra vida. Cada estación tiene su especial importancia y cuando aceptas ser el artista de tu propia vida, pintas tu realidad con más profundidad y riqueza si cabe al alinearte con las estaciones. Hacerlo te ayuda además a no olvidarte de alinearte con la vida en lugar de luchar contra ella.

Tu altar estacional

Prepara y reúne:

- Regalos de temporada de la naturaleza: piñas de pino, flores, huesos de animales, semillas, hojas, piedras.

- Fotos de personas y lugares que evoquen las estaciones del año y las etapas de la vida.
- Recuerdos que hayas escrito del mundo natural y de los momentos vividos en él.
- Poemas y oraciones que elogien los ciclos de la naturaleza (cualquier texto, desde poemas de Walt Whitman hasta relatos orales indígenas).
- Incienso o velas.

Si ya has montado tu altar personal en casa siguiendo las indicaciones del capítulo uno, puedes decorarlo si lo deseas con objetos de la estación en la que estés, o crear otro altar estacional totalmente distinto para marcar los ciclos del año. Montar un altar estacional aparte del personal es una gran oportunidad para crear uno de forma temporal al aire libre con objetos naturales biodegradables o que se dispersen con el paso del tiempo. Te enseña la verdad esencial del mundo orgánico: todo cuanto existe está cambiando constantemente.

A continuación te sugiero algunos de los objetos que suelen representar cada una de las estaciones. Ten en cuenta que dependiendo de dónde vivas, el invierno o el verano tal vez sea distinto a cómo se describe más adelante. Adapta tu altar estacional para que encaje con la región donde vives o con tu intuición.

Invierno

El invierno es tradicionalmente un momento de inactividad en el que las plantas y los animales de los climas templados entran en un estado de letargo. En esta estación los seres humanos también solemos dedicarnos a mirar en nuestro interior, a volver a descubrir el poder de la quietud, la comodidad y el tiempo dedicado a los amigos y la familia. El invierno también es el momento para reconocer que las dificultades forman parte de la vida y que la oscuridad siempre da paso a la luz.

En tu altar de invierno puedes poner velas u otras fuentes de luz, espejos u otras superficies reflectantes para amplificarlo, frutos de temporada, como granadas y cítricos, y ramas de árboles de hojas perennes.

Primavera

Es la estación de un nuevo despertar, del nacimiento y la resurrección, en la que celebramos los ritos primaverales con símbolos vistosos de fertilidad y renovación. Es un momento fabuloso para sembrar semillas —no solo en la tierra, sino también en nuestra vida—, y para iniciar proyectos nuevos, preparando el terreno para el progreso y las oportunidades, y para saborear tanto la calidez como el fango que nos trae la primavera.

El altar y las ceremonias de primavera pueden incluir huevos, semillas y ramas con capullos y flores, como retama o flores rosadas de cerezo. Es además una época estupenda para hacer limpieza y abrir las ventanas de par en par para renovar el aire, tanto en el sentido literal como simbólico.

Verano

En verano los huertos alcanzan su plenitud y rebosan de jugosas frutas silvestres y tomates. Es el momento para disfrutar y empaparnos de la plenitud de la vida. Las actividades estivales tradicionales nos llevan a las orillas de los lagos y a la playa, o a la cumbre de las montañas para gozar del aire puro y renovador. Físicamente significa que volvemos a conectar con el poder revitalizante y cálido del sol, y con la fuerza y la fluidez del agua.

En tu altar de verano puedes poner desde objetos procedentes de tus viajes estivales hasta frutos y verduras del huerto, y objetos encontrados en el campo durante tus caminatas o en la arena de la playa. También puedes poner en el altar retazos de colores vivos. En esta época del año, al igual que en el «verano» de tu vida, puedes apreciar la plenitud de todo lo que has conseguido. Disfruta de los frutos de tu trabajo y comparte la abundancia con los demás.

Otoño

A medida que los días se van acortando, las plantas y los animales empiezan la gozosa tarea de prepararse para el invierno, y se celebran festivales de abundancia y de recolección. Las calabazas, las manzanas y las peras están en su punto y esta madurez perdura hasta la llegada inevitable de la decadencia y la muerte. Los árboles cambian de color y se desprenden de las hojas.

Es la época del año idónea para asegurarnos de dejarlo todo en orden, para reflexionar sobre lo lejos que hemos llegado en nuestros objetivos y prepararnos para las dificultades que nos esperan. Los festivales de otoño que tienen lugar en todo el mundo suelen celebrar la muerte, sobre todo Halloween y el Día de los Muertos. Es el momento del año para recordar e invocar la sabiduría de los ancestros, y para sentirnos más cómodos con esta parte del ciclo de la vida.

En tu altar de otoño puedes poner piñas de pino, calabazas y hojas de colores. También puede ser un altar para recordar a los seres queridos que han fallecido (la creación de un altar dedicado a los ancestros se describe más adelante). El incienso que ofreces en el altar se transforma en polvo, y estas cenizas simbolizan la muerte.

La red de tu vida

Los científicos han cambiado sus antiguas ideas de una cadena alimentaria lineal y limitada por una visión más holística y no lineal de la red alimentaria; del mismo modo, nosotros también podemos actualizar nuestras ideas sobre el pasado, el presente y el futuro de nuestra vida. Podemos empezar a dejar de verla como el proceso de adquirir bienes y alcanzar logros, y considerarla en su lugar como una red inmensa de aprendizaje, conexión y crecimiento.

Prepara y reúne:

- Una hoja grande de papel.
- Varios lápices o rotuladores de colores.

Visualiza la red de tu vida, contigo en el centro, como una araña posada en su telaraña. Traza un círculo para representarte a ti y después una serie de líneas que salgan de él para representar otros aspectos de tu vida: los seres queridos por los que te preocupas, tu trabajo, tus obligaciones y responsabilidades, tus mascotas, tus aficiones, tu práctica espiritual, tu bienestar emocional y tu cuerpo físico. Remata cada línea con un círculo pequeño y escribe dentro el aspecto que representa.

Como es la red de tu vida, aparte de los aspectos que te he indicado puedes incluir otros de tu propia existencia. Deja que este proceso tome el rumbo que desee y procura ser un mero espectador de la red de tu vida que dibujas en papel (sin juzgarla).

Cuando sientas que ya está completa, observa lo que has escrito y maravíllate de lo intrincada, bella y compleja que es la historia de tu vida. Esta red es tu obra de arte plasmada en papel y, al mismo tiempo, representa la obra de arte de la historia de tu vida.

Piensa ahora en cuál es tu situación en cuanto al equilibrio y a los ciclos de cada uno de estos aspectos. Por ejemplo, viendo la red como un todo, ¿crees que los aspectos de tu vida están equilibrados? ¿O estás dedicando demasiado tiempo y energía a un determinado aspecto y descuidando los otros? ¿Puedes hacer algo para cambiar esta situación y recuperar el equilibrio?

Al observar cada círculo de tu vida, ¿crees que hay un equilibrio en él o deseas hacer algún cambio? Por ejemplo, en el círculo de tu cuerpo físico, ¿estás durmiendo lo suficiente? ¿Son nutritivas las comidas que tomas? Si tienes alguna enfermedad, ¿te estás cuidando? En cuanto a tus relaciones con los demás, ¿te queda tiempo para dedicártelo a ti mismo? ¿Mantienes los gozosos compromisos que adquiriste con tu familia y con los amigos? ¿Estás atrapado en los sentimientos negativos procedentes de relaciones del pasado?

Contemplar la red de tu vida plasmada en papel es una buena forma de recordar que tu vida es una obra de arte y que tú eres el artista, y además que todos estos ciclos no son tú, sino simplemente una parte de tu historia. Tú eres en realidad la energía del nagual que presencia y crea la historia de tu vida. Dedica un tiempo a ver cuál es tu situación actual en la historia y qué más quieres crear o equilibrar en tu vida, y encamina tu propósito en esta dirección.

Anota en tu diario los cambios que quieres hacer y la fecha en que los has escrito. Deja a continuación esta obra de arte encima del altar o dentro de tu bolsa medicinal. Te sugiero que hagas esta práctica a cada cambio de estación, o cuando se acerquen los equinoccios y los solsticios, o cualquier otro momento en que quieras equilibrar, cambiar y ser consciente del arte que estás creando, la historia de tu vida.

3
LA RUEDA DE LA MEDICINA Y LA LUNA

Una joven fue a la universidad para aprender a diseñar decorados para el teatro y la ópera. En el primer año uno de los profesores les hizo pintar a los alumnos círculos en el suelo del aula durante una buena parte de las clases. El desconcierto de la joven por esta tarea se transformó rápidamente en furia. ¿Qué era lo que estaba aprendiendo? ¿Qué tenía esto que ver con la escenografía? Se dedicó a trazar un círculo tras otro de distintos tamaños, desesperada por dibujar el círculo «perfecto» que la liberara de una tarea tan monótona.

Al cabo de muchos meses, descubrió un método que le funcionaba. Entraba en un estado de meditación y trazaba los círculos con el cuerpo mientras viajaba con la mente a las profundidades de su imaginación, creando unos mundos visuales y emocionales fantásticos.

Un día el profesor se acercó a ella, se puso a mirar los círculos que trazaba y los elogió. Pero la joven no le respondió. Él le hizo una pregunta. Pero ella permaneció en silencio. Cuando salió del estado de meditación, aún pintando círculos en el suelo, descubrió de pronto que toda la clase la estaba contemplando apiñada a su alrededor. La joven bajó la vista, un poco avergonzada.

«Eso es», le dijo el profesor. «Ahora estás empezando a entender el poder del círculo». Uno de los símbolos más conocidos en el chamanismo es la rueda de la medicina, un círculo sin principio ni fin. Para los amerindios de América del Norte y América del Sur el antiguo símbolo de la rueda de la medicina siempre ha formado parte de la vida espiritual. Contiene los cuatro puntos cardinales: el norte, el sur, el este y el oeste. Cada dirección se asocia tradicionalmente con un color, una estación y un elemento, y también con las etapas del ciclo de la vida, la estructura familiar e incluso con formas de pensar. La rueda de la medicina es, por lo tanto, un objeto físico representado en un objeto artístico simbólico, y su imagen figura en los lugares sagrados donde se celebran ceremonias y ritos. La rueda de la medicina es también una idea interior, una poderosa metáfora que nos guía y nos ayuda a mantener el equilibrio.

Quizá lo más importante, tal como su nombre sugiere, es que la rueda de la medicina fomenta la autosanación. Por ejemplo, tengo un amigo que en la veintena experimentó un profundo trauma y luego un despertar. Desde pequeño su obsesión era nadar: esta actividad le apasionaba tanto que, cuando no era más que un crío, su familia no podía mantenerlo alejado del agua. Al poco tiempo, decidió participar en competiciones de natación y, poco a poco, fue subiendo de categoría hasta convertirse en un nadador de primera clase. Movido por su gran pasión, se pasó largas horas nadando y preparándose, hasta que un día tuvo un grave accidente automovilístico en el que perdió la movilidad de las piernas. De pronto su mundo se derrumbó. Mi amigo se hundió en una profunda depresión y ya no sabía cuál era su camino en la vida ni el futuro que le esperaba. Sin embargo, acabó encontrando una sensación de paz y transformación y afirma que la rueda de la medicina le ayudó a hacer este vital cambio de perspectiva.

En una visión, se vio plantado sobre una gran rueda. Se encontraba situado entre el este y el sur: entre el fuego y el agua, entre la niñez y la adolescencia. Se extendía ante él una masa de agua tan enorme que no veía hasta dónde llegaba. Al principio retrocedió del agua, pues le recordaba la vida truncada que había planeado llevar. Pero de pronto oyó una poderosa voz que lo animaba a dirigirse hacia ella. Mientras caminaba por la orilla sintiendo el frescor del agua, tuvo de pronto una revelación. El agua le sostendría tal como era, usara o no las piernas. Se echó a llorar de pena, aceptación y, finalmente, de alegría.

Al día siguiente de su visión, se comprometió a volver a nadar. La nueva sensación de determinación que ahora sentía era más fuerte que la inspiración que lo había motivado a nadar de joven.

De este modo mi amigo pasó del fuego de su obsesión de la niñez a la etapa de la fluidez del agua. Experimentó la mayoría de edad, pasó de la niñez a la joven adultez y, al aceptarse tal como era, adquirió una comprensión emocional más profunda de sus circunstancias y habilidades. La rueda de la medicina lo ayudó a superar el trauma del accidente, a vivir el presente tal como era y a proponerse seguir avanzando en la vida en su nueva situación.

La rueda de la medicina, como le ocurrió a mi amigo, también te puede guiar y sanar a ti de muchas maneras. Ahora analizaré la estructura de la rueda de la medicina y describiré lo que representa cada uno de sus aspectos. En la tradición tolteca los cuatro elementos son los creadores de la vida: el fuego (*huehueteotl*), el agua (*tlaloc*), el aire (*ehecatl*) y la tierra (*tlalnantzin*). Trabajan juntos y están representados en nuestro cuerpo físico: desde el calor que generamos en la sangre hasta el aire que respiramos, el agua que nos da vida y refresca, y la tierra de la que se componen la piel y los huesos.

La rueda de la medicina no solo representa los cuatro elementos, sino además los cuatro puntos cardinales, las cuatro estaciones, las cuatro etapas de la vida y los cuatro aspectos del yo.

Observa el esquema siguiente y considera cómo puede serte de utilidad la rueda de medicina en las siguientes situaciones:

ELEMENTO	Viento	Fuego	Agua	Tierra
DIRECCIÓN	Norte	Este	Sur	Oeste
COLOR	Blanco	Rojo	Amarillo	Negro
ESTACIÓN	Invierno	Primavera	Verano	Otoño
ETAPA VITAL	Anciano / Maestro de maestros	Niño / Participante	Adolescente / Estudiante	Adulto / Maestro
ASPECTO DEL YO	Mente	Espíritu	Emoción	Cuerpo

En crisis: cuando vives una crisis personal, la rueda de la medicina te ayuda a entender la situación y te da un rumbo en la vida. Por ejemplo, ¿en qué situación de la rueda te encuentras en este momento en particular? ¿Hacia qué dirección necesitas ir? Ten en cuenta que el círculo de la rueda no solo contiene y representa la temporalidad cíclica de todo, sino también la acogedora aceptación de tu comunidad y la sabiduría de tus ancestros. Utiliza la rueda para contextualizar tu situación presente y acceder a tu sabiduría interior.

Tomar una decisión o actuar: del mismo modo, cuando te plantees tomar una decisión importante sobre el siguiente paso que darás, investiga cómo se moverá tu vida en la rueda. ¿Pasarás de entender una cuestión intelectualmente a sentirla en tu corazón? ¿La estable energía de un adulto se transformará en el asombro de un niño? Entender las etapas y las transiciones de tu vida según la rueda de la medicina te permite hacer poderosos descubrimientos interiores que te orientan y ayudan.

La necesidad de sanación: como la rueda simboliza todos los elementos, está conectada con la sanadora más poderosa del universo: el planeta Tierra y su divina energía maternal. Cuando experimentes alguna enfermedad o lesión en el cuerpo, o algún sufrimiento mental, la rueda de la medicina te ayudará a progresar hacia la sanación.

En la siguiente sección describo dos tipos de rueda que puedes crear. Y cuando necesites sanar, usarla te dará fuerza.

Me gustaría compartir contigo dos clases de rueda de la medicina que puedes crear. La primera es una pequeña representación personal de la rueda de la medicina en papel o en otra superficie, a modo de símbolo artístico para tu hogar o tu altar. Y la segunda es una rueda de la medicina más grande para el exterior, que actúa a modo de espacio ceremonial para ti y tu comunidad. En cuanto hayas creado las dos clases de ruedas, puedes hacer la ceremonia para la sanación y el equilibrio que se describe más adelante en este capítulo.

Crea una rueda de la medicina personal

Prepara y reúne:

- Una hoja grande de papel.
- Lápices, bolígrafos y cualquier otro medio artístico de dibujo que te guste.
- Una regla.
- Un compás para trazar el círculo (opcional).

Empieza dibujando un círculo grande en el papel. Puede ser de cualquier tamaño, pero deja el suficiente espacio para embellecerlo artísticamente. Un círculo de al menos treinta centímetros de diámetro es un buen tamaño. No es necesario que traces un círculo perfecto, pero puedes usar un compás, o colocar un cuenco al revés y reseguir el borde, para que el círculo esté bien proporcionado. En cuanto lo hayas dibujado, traza con la regla dos líneas dentro del círculo, una de arriba a abajo, y la otra de un lado al otro. Ahora tienes cuatro cuadrantes en el círculo.

Cada cuadrante representa un elemento, una dirección, un color, una estación, una etapa vital y un aspecto del yo, tal como he indicado antes. Escribe la correspondiente información en cada cuadrante usando el ejemplo del esquema de abajo como guía. Si lo deseas, puedes usar lápices o bolígrafos de colores en cada uno de los cuadrantes. Los colores tradicionales de la rueda de la medicina son normalmente negro, rojo, blanco y amarillo, pero si tu intuición te dice que el verde es el color del cuadrante de la tierra para ti, síguela. Puedes embellecer la rueda de la forma que te sugiera tu espíritu creativo.

En lugar de dibujar la rueda sobre papel, también puedes pintarla en un trozo redondo de madera, un plato o una fuente de cerámica, o incluso en una piedra plana de mayor tamaño. Como tienes muchas opciones, déjate llevar por tu creatividad.

En cuanto hayas dibujado la rueda e incluido la información en los cuadrantes, embellece artísticamente tu creación. Puedes dibujar o pintar olas en el elemento del agua y montañas en el de la tierra. O dibujar en los bordes exteriores de la rueda ilustraciones y símbolos inspiradores, o imágenes de tus animales espirituales. O hacer un *collage* con estos elementos. Tómate tu tiempo para embellecer la rueda, no es necesario hacerlo de un tirón.

Cuando la hayas terminado, tendrás una estupenda obra de arte original que representa el equilibrio que todos buscamos en nuestro camino de la autosanación y la plenitud.

Cuando sientas que tu rueda de la medicina está completa, ponla encima del altar o cuélgala en un lugar donde la veas a diario para que te recuerde tus metas sanadoras espirituales y personales.

Crea una rueda de la medicina para el exterior

Prepara y reúne:

- Piedras y otros objetos naturales semipermanentes.
- Una brújula.

- Un palo recto o una cinta métrica.

Busca un buen lugar para crear tu rueda de la medicina. Tal vez tengas los recursos y el espacio para hacer una rueda grande para tu comunidad, o quizá desees construir una pequeña en el patio de tu casa, o en medio de un pequeño jardín, para tus ceremonias y oraciones personales. Estas ruedas personales pueden ser de cualquier tamaño, pero te recomiendo que tenga por lo menos de 90 a 120 centímetros de diámetro para que puedas ponerte de pie cómodamente en cada cuadrante.

Despeja la zona sacando la tierra, las hojas secas o las piedras que haya por el suelo. Además, te resultará más fácil crear la rueda en una superficie limpia de hierba.

En cuanto hayas limpiado el espacio, pon una piedra de tamaño mediano en el centro de lo que será la rueda. Con la aguja de la brújula apuntando al noroeste, marca esta dirección poniendo un extremo del palo o la cinta métrica justo en el centro de la piedra. Pon después una piedra pequeña en el otro extremo del palo. Haz lo mismo para crear las otras tres direcciones: noreste, suroeste y sureste.

Nota: estás estableciendo los bordes de los cuadrantes que crearás con las piedras pequeñas para que cuando estés de pie dentro de un cuadrante, estés mirando a uno de los cuatro puntos cardinales. Consulta la ilustración de la página siguiente para ver la forma de la rueda.

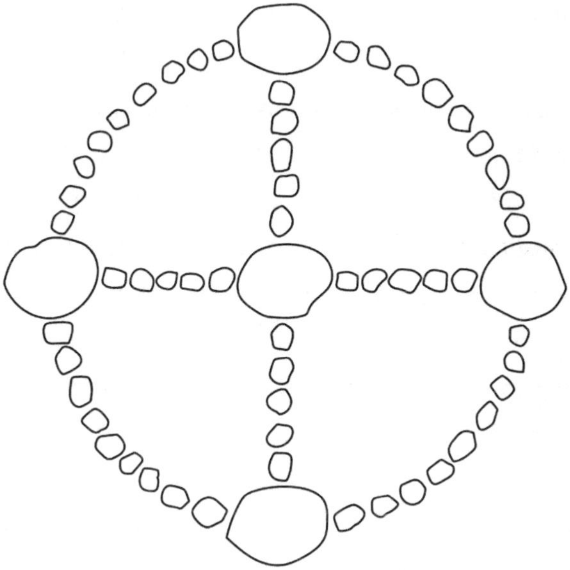

Cuando hayas marcado los bordes de los cuadrantes, crea con las piedras pequeñas las líneas rectas que van de la piedra del centro a las piedras de los extremos. Ponte de pie y observa la rueda desde una cierta distancia para ver mejor si las hileras de piedras pequeñas están rectas o las tienes que corregir un poco. Es más fácil crear la rueda empezando por las líneas del interior que por el círculo del exterior. En cuanto la piedra central y las hileras de piedras que salen de ella te hayan quedado como a ti te gusta, crea el círculo del exterior uniendo los cuatro puntos cardinales con las piedras pequeñas.

Nota sobre los materiales: utiliza las piedras que hayas encontrado en tus caminatas o en el jardín de tu casa. O si lo prefieres, compra piedras especiales para este fin en un centro de jardinería o en una tienda de minerales. Para construir una rueda más efímera, usa conchas si vives cerca del mar o trázala en la arena. Así tu creación inspirará a la gente que se tope con ella y el agua del mar se la acabará llevando cuando suba la marea. Crear ruedas de la medicina pequeñas y efímeras con los objetos naturales que has ido encontrando es una forma estupenda de entrar en comunión con la naturaleza. Pero asegúrate de no bloquear un camino rural con tu rueda ni de interrumpir el fluir natural de la vida a tu alrededor para no alterar el hábitat o un proyecto de restauración. La rueda hecha con elementos naturales tiene que poder dispersarse de forma natural en el espacio donde la has creado.

Usa tu rueda de la medicina: ceremonia para la armonía y el equilibrio

Prepara y reúne:

- Tu rueda de la medicina (al aire libre o en papel).
- Tu incienso preferido (opcional).

La rueda de la medicina sirve para una variedad de fines ceremoniales, pero me gustaría compartir contigo uno que puede usarse como chequeo interior para aceptar la ayuda medicinal de la rueda y comprometerte de nuevo a llevar una vida armoniosa y equilibrada. Esta ceremonia utiliza lo que los cuatro puntos cardinales representan en la tradición tolteca, pero puedes adaptarla si lo deseas a lo que representen intuitivamente para ti o en otra tradición.

Para empezar, céntrate durante un momento en el presente. Siente tu conexión con la tierra y respira de manera profunda y calmada varias veces. Despréndete de cualquier ansiedad, remordimiento, miedo o pensamiento negativo. Enciende tu incienso preferido y deja que su aroma te tranquilice y te ayude a centrarte en el presente.

Con la rueda de la medicina delante de ti (en el suelo o en papel), cierra los ojos e imagina que estás de pie en la cima de una gran colina. El cielo es azul y luminoso, y el aire puro está impregnado del aroma de flores silvestres y del ligero olor a leña de una hoguera lejana. Desde la cima de la colina puedes ver las cuatro direcciones extendiéndose a tu alrededor, sobre grandes llanuras, granjas y desiertos, con las montañas a lo lejos. Respira hondo y disfruta de este paraje durante unos momentos. Es un lugar sagrado y existe solo para ti.

Cuando estés preparado, abre los ojos y colócate en el cuadrante del este de la rueda de la medicina (o pon la mano en esta parte si usas la rueda dibujada en papel). Es el reino de la primavera y el fuego: de los nuevos inicios, la imaginación, la pasión, la creatividad y el viaje espiritual. Observa si sientes alguna resistencia en el cuerpo o en la mente mientras estás en este cuadrante. ¿Has estado descuidando tu parte creativa? ¿Te has olvidado de tu vida espiritual por las obligaciones de la vida cotidiana? Si es así, pregúntate cómo puedes recuperar el equilibrio en estos aspectos de tu vida. ¿Puedes retomar el proyecto artístico que has dejado de lado? ¿Escribir en tu diario? ¿Limpiar y renovar tu altar personal?

Cierra los ojos e imagina que estás de nuevo en la cima de la colina, contemplando hacia el este los maravillosos valles. Sientes un cálido brillo en el plexo solar, que te llena el cuerpo de una luz poderosa y revitalizante. Agradece los regalos de la creatividad, el fuego y la iluminación que hay en tu vida.

Cuando estés listo, abre los ojos, sal de la rueda de la medicina y rodéala para ir al cuadrante del sur (o pon la mano en esta parte de la rueda). El sur es el reino del verano y el agua, las emociones, los misterios, la sanación y las propiedades renovadoras y vivificantes del agua de mar, de los ríos y la lluvia. Observa si notas alguna resistencia en el cuerpo o en la mente mientras estás en este cuadrante. ¿Hay algún bloqueo en tu vida emocional que debas eliminar? ¿No te has estado cuidando últimamente? Si es así, medita un rato mirando hacia esta dirección y pregúntate qué puedes hacer para equilibrar de nuevo estos aspectos de tu vida. ¿Puedes tomar un baño sanador? ¿Estás dolido con algún amigo? Si es así, analiza tus sentimientos. ¿Necesitas llorar por una pérdida reciente?

Cierra los ojos y vuelve a la colina. Imagina unas bellas nubes grises aceradas que se acumulan sobre ti y liberan una lluvia copiosa y refrescante. Siente que te deja empapado y te da el poder de afrontar tus emociones y relajarte en el fluir natural de la vida. Da las gracias por los regalos de las lágrimas, la risa, los cuidados personales y toda la bendita agua de tu vida.

Cuando la lluvia haya cesado y el cielo se haya despejado, abre los ojos, sal de la rueda y rodéala para ir al cuadrante del oeste. Este punto cardinal es el reino del otoño y de la tierra, la nutrición, la estabilidad, las cosechas, el cuerpo físico y la increíble diversidad del planeta viviente. ¿Notas alguna resistencia en el cuerpo o en la mente mientras estás en él? Pregúntate si hay algún aspecto de tu salud física del que no te hayas estado ocupando. ¿Has estado trabajando tanto que no has tenido tiempo para disfrutar de los frutos de tu trabajo? ¿Has ingerido alimentos que no son nutritivos? ¿Hay algún problema de salud del que te tengas que ocupar? Pasa todo el tiempo que sea necesario en esta dirección y pregúntate cómo puedes equilibrar estos aspectos de tu vida. ¿Puedes pasear con regularidad por un parque de tu barrio o por la naturaleza para conectar con tu cuerpo físico y el mundo natural? ¿Hay alguna comida que puedas preparar que sea nutritiva para tu cuerpo, tu mente y tu alma? ¿Cómo puedes agradecer los abundantes regalos que te ofrece la vida?

Cierra los ojos y vuelve a la colina. Ahora mírate los pies, están en contacto con la colina en la que estás de pie. Absorbe la fuerza y el poder de la tierra sabiendo que tú, como los árboles del bosque o incluso como la más pequeña de las flores silvestres, también estás conectado al planeta en todo momento. Agradece los regalos de los sólidos soportes, del alimento espiritual y físico, y de las fructíferas cosechas de tu vida.

Cuando sientas que ya has pasado el tiempo suficiente en el cuadrante de la tierra, abre los ojos, sal de la rueda y rodéala (o mueve la mano) para ir al cuadrante del norte. Este punto cardinal es el reino del invierno y el aire, de la mente y sus poderes, la claridad y las propiedades purificantes de los fuertes vientos. Observa si sientes alguna resistencia en el cuerpo o en la mente mientras estás en este lugar. ¿Te has estado sintiendo atrapado y estancado en alguna esfera de tu vida? ¿Has estado quizá pensando demasiado en alguna situación? ¿O sientes tal vez que no te has centrado en algún asunto de tu vida en el que necesitas fijarte ni lo has estado viendo con claridad? Reflexiona a fondo sobre estas preguntas durante tanto tiempo como sea necesario en el cuadrante del norte, y pregúntate cómo puedes equilibrar estos aspectos de tu vida. ¿Podrías ver un antiguo problema desde una nueva perspectiva (o una antigua discusión desde el punto de vista de la otra persona)? Quizá podrías explorar las prácticas meditativas del *mindfulness* que aclaran la mente. ¿O hay alguien más experto que tú en un determinado campo al que le puedes pedir ayuda?

Cierra los ojos e imagina que mientras estás en la colina sientes de súbito una ráfaga de viento en la cara. Es un viento potente, vigoroso y un tanto frío; trae el frescor de la nieve. Imagina que cualquier confusión de tu mente desaparece como si se tratara de telarañas arrastradas por un vendaval. Agradece los regalos de la claridad, el conocimiento y la paz interior.

Cuando hayas visitado los cuatro puntos cardinales de la rueda, ve al centro y siéntate allí para meditar sereno y agradecido durante unos minutos, sabiendo que sea cual sea el aspecto de tu vida que no esté equilibrado, siempre puedes volver a este lugar y sentirte renovado.

El poder de la luna

Si bien es el sol el que le da al cuadrante del este de la rueda de la medicina su ardiente poder, no debemos olvidarnos de la luna, el otro cuerpo celeste que aparece en el cielo tras ponerse el sol por el oeste. A diferencia de la perpetua y abrasadora combustión de su contraparte, desde la tierra podemos ver cómo la luna va cambiando con regularidad, marcando los ciclos del calendario y permitiéndonos honrar y celebrar los eternos círculos y las espirales del tiempo en nuestra vida y más allá de ella. La luz nacarada y líquida de la luna es fascinante y cautiva la imaginación humana desde tiempos inmemoriales. Se debe también en parte a los efectos físicos de este satélite. Si tenemos en cuenta que la atracción gravitatoria de la luna controla las mareas de los océanos de todo el mundo, vemos sin duda que también influye en el sesenta por ciento de nuestro cuerpo, la parte compuesta de agua.

En muchas tradiciones espirituales, cuando aparece la luna llena es el momento de celebrar y dar gracias, el momento de darse cuenta de que los objetivos, los sueños y los deseos se hacen realidad. Como la luna llena representa la culminación del ciclo lunar y el inicio de la fase menguante, también es el momento perfecto para desprendernos de lo que ya no nos sirve emocionalmente o de otros aspectos, como de los antiguos acuerdos que nos impiden progresar.

Ceremonia chamánica de la luna llena

La siguiente ceremonia de la luna llena sirve para honrar la luna, sus misterios y los profundos ciclos de las estaciones. Adapta si lo deseas la ceremonia para que se amolde a tus tradiciones espirituales. Si dispones de un espacio natural privado y seguro, como el jardín de tu casa, puedes hacer esta ceremonia en él, ya que cuando se celebra en el exterior es muy poderosa. Pero si no es así, no te preocupes, las construcciones humanas no reducen el poder de la luna.

En primer lugar, confirma la fecha de la luna llena y elige el espacio donde harás la ceremonia: al aire libre o en el interior. Si es al aire libre, necesitarás una superficie sobre la que poner tus objetos ceremoniales, como una piedra grande o incluso una manta doblada en el suelo. También puedes hacer la ceremonia en tu casa, ante tu altar o en cualquier lugar donde haya una superficie plana.

Prepara y reúne:

- Objetos que representen los cuatro elementos:
  - ◊ *Aire:* una pluma o el humo del incienso.
  - ◊ *Fuego:* una vela encendida o una pequeña fogata.
  - ◊ *Agua:* un cuenco con agua limpia.
  - ◊ *Tierra:* una piedra sagrada o un cuenco lleno de tierra o sal.

  Nota: si el espacio es pequeño o no dispones de estos objetos, los puedes representar dibujados en trozos de papel.

- Un vaso de agua impregnada de la bendición de la luna que después te beberás.

- Ofrendas para los espíritus como reconocimiento de la conexión entre la vida humana y el mundo viviente (por ejemplo, harina de maíz, plantas sagradas secas, pan, tortas de avena, leche).

Deja los objetos que hayas reunido ante ti. Cuando estés preparado para empezar, respira profundamente varias veces y sé consciente del presente.

Cierra los ojos e imagina un largo hilo de luz dorada que desciende por tu cabeza, tu columna, tus piernas y tus pies hasta llegar a la fértil tierra, e incluso al centro del planeta. Absorbe la fuerza de este ardiente núcleo de la tierra y recuerda que estás siempre conectado a los otros seres vivos y a la inmensa y compleja Madre Tierra. Imagina ahora que el hilo dorado se mueve hacia arriba. De la coronilla de tu cabeza llega a las estrellas del cielo nocturno. Eres tanto un ser de la tierra física como del emocionante reino de la luz de las estrellas. En este lugar no sientes remordimientos por el pasado ni angustia por el futuro. Experimenta la rueda de los cielos, los latidos del planeta, los guías espirituales visibles e invisibles y tu respiración. Tómate con calma este importante momento.

En cuanto te sientas conectado con la tierra bajo tus pies y con las estrellas del firmamento, inicia esta ceremonia con una oración. Puedes leer en voz alta la que te sugiero o decir espontáneamente cualquier otra que te salga del corazón.

Espíritus y fuerzas del mundo viviente,

permaneced conmigo en este lugar y
en este momento sagrados.

Os doy las gracias por mi aliento, mi
cuerpo y mi espíritu.

Llenadme el corazón de paz, la mente de alegría
y el alma de compasión.

Abridme los ojos para que pueda ver
entre los mundos,
y honrar al espíritu plateado de
la Abuela Luna.

A continuación da las gracias a los cuatro elementos. Elige el símbolo que representa a cada elemento, de uno en uno, y lee en voz alta la oración correspondiente:

Aire

Espíritus del Viento, los Sabios, Espíritus
de la Enseñanza,

os rindo homenaje y os pido que estéis conmigo
en este lugar y en este momento sagrados.

Dadme claridad de visión y la
sabiduría del discernimiento.

Dejad que mi mente vuele como un gran pájaro
hacia el cielo.

Os doy la bienvenida.

Fuego

Espíritus del Fuego, los que Ríen, Espíritus
de lo Nuevo,

os rindo homenaje y os pido que estéis conmigo
en este lugar y en este momento sagrados.

Dadme la pasión del propósito y una radiante alegría.

Dejad que mi alma baile como una llama ardiente
hacia la libertad.

Os doy la bienvenida.

Agua

Espíritus del agua, los que Fluyen, Espíritus
del Aprendizaje,

os rindo homenaje y os pido que estéis conmigo
en este lugar y en este momento sagrados.

Dadme la dulzura del fluir y
equilibrio emocional.

Dejad que mi corazón salte como un pez plateado
hacia la paz.

Os doy la bienvenida.

Tierra

Espíritus de la Tierra, los Estables,
Espíritus de la Acción,

os rindo homenaje y os pido que estéis conmigo
en este lugar y en este momento sagrados.

Dadme la fuerza de la conexión
y un corazón nutrido.

Dejad que mis manos trabajen en el jardín del vivir
con abundante bondad.

Os doy la bienvenida.

A continuación comparte con la luna aquello que le agradeces, lo que estás celebrando, y quizá aquello de lo que deseas desprenderte porque ya no te sirve.

Cuando estés preparado, alza el vaso de agua hacia la luna e imagina que contiene todas las esperanzas, las bondades y la abundancia de este cuerpo celeste. Ofréceselo como oración de agradecimiento y pídele que bendiga el agua:

Abuela Luna entre las estrellas,

gracias por tu luminosa luz.

Bendíceme, bendice a mis seres queridos,

bendice a todas las personas y seres del mundo viviente.

Bébete el vaso de agua imaginando que tu vida se llena de las abundantes bendiciones de la luna llena. A modo de ofrenda, puedes verter el agua que quede en el vaso al exterior.

Cuando sientas que ha llegado el momento de terminar la ceremonia, da las gracias a cada uno de los espíritus que has invitado a tu espacio: a cualquier guía espiritual que invoques y también a los de los elementos del aire, el fuego, el agua y la tierra. Deja pequeñas ofrendas de harina de maíz o de plantas en cada una de las cuatro direcciones.

4

LA SABIDURÍA DE LOS ANIMALES

Tengo cuatro perritos en casa y una de las cosas que me encantan es que por más dificultades que experimente en mi Sueño Personal, cuando cruzo la puerta de mi hogar siempre se alegran de verme. Comparten conmigo su amor, ocurra lo que ocurra. Cada vez que lo vivo me recuerda lo distintos que somos los humanos del resto del mundo animal.

Como he señalado antes, los humanos tenemos una mente que está soñando constantemente, y la mente de muchas personas que viven su vida sin ser conscientes de ello está llena de remordimientos por el pasado, de miedos por el futuro, o de juicios negativos por el presente. Pero los animales, a diferencia de los humanos, viven solo en el presente. No se cuentan relatos a sí mismos para decirse que no son lo bastante buenos, ni se preocupan por si llegarán a encontrar el amor verdadero. Y aunque experimenten dificultades y una variedad de emociones, no se crean problemas a sí mismos con la mente soñadora.

El constante soñar de la mente humana también nos ha dado unos regalos increíbles, como la capacidad de imaginar y crear cualquier cosa, desde el lenguaje hasta la arquitectura, el arte y la física teórica. Nuestro objetivo es por lo tanto enriquecer estos aspectos útiles de la mente soñadora y advertir, al mismo tiempo, los relatos inútiles que nos contamos sin aferrarnos a ellos.

Siempre que los chamanes de mi familia advertían que se quedaban atrapados en la pesadilla de la mente narradora de relatos, o que le ocurría a alguna otra persona, seguían el ejemplo de los animales que viven libres en el presente. Los chamanes entienden que la vida solo existe en el presente, donde está el nagual. La adicción de la mente al sufrimiento nos saca con frecuencia del momento presente para buscar la paz en el futuro, como al creer que seremos felices solo cuando adquiramos esto o alcancemos aquello otro. Pero irónicamente el propio acto de buscar la paz nos impide alcanzarla. El único lugar donde la paz realmente existe es en el aquí y el ahora. Una de las mayores lecciones que podemos aprender de nuestros compañeros, los animales, es lo importante que es vivir en el presente.

La idea de aprender de los animales va en contra de otras cosmovisiones espirituales y culturales, sobre todo las que proponen una división dualista en la naturaleza humana. Sostienen que hay un mundo espiritual y un mundo material, y que en los seres humanos también hay un «lado espiritual» y un «lado físico». Desde esta perspectiva, el lado espiritual se describe como «superior» y el mundo material, o lado físico, se equipara al cuerpo y se califica de «inferior». En muchas tradiciones, este aspecto «inferior» de la vida se conoce como el lado «animal» de la humanidad. Esta idea conlleva que los animales y sus características son inferiores, mientras que los seres humanos son «superiores». Algunas tradiciones han llegado incluso a afirmar que los animales fueron creados para nuestro uso, que las tierras están esperando a que los humanos las reclamemos y que el mundo natural existe para nuestro placer y provecho.

Pero la tradición tolteca tiene una visión del mundo totalmente distinta. En nuestra tradición no existe la división del mundo material y el mundo espiritual. ¿Acaso tiene esta algún sentido? Todo cuanto contemplo, todo cuanto me rodea, palpita con el nagual, la fuerza que le da vida a todo. Para un monoteísta, sería «todo es la mente de Dios». Para nosotros, la realidad física y la realidad espiritual son una sola cosa: forman parte del Sueño del Planeta, que es nuestra propia creación.

La tradición tolteca enseña que los animales son nuestros hermanos y hermanas en este planeta, y que podemos aprender muchas cosas de ellos. Empiezas a aprender del mundo de los animales cuando adviertes cualquiera de tus convicciones sobre ser superior a ellos. Sin duda, existen diferencias entre nosotros y los animales, y la mente pensante nos ha dado los regalos inmensos de la comunicación y la creación, pero para despertar plenamente al Sueño del Planeta y a la parte que desempeñamos en él, tenemos que entendernos a nosotros mismos en la naturaleza y en el mundo animal. Formamos parte de un todo más grande, en lugar de ser los soberanos de un reino natural imaginario.

En el momento en que dejamos de considerarnos superiores a los animales es cuando nos abrimos para aprender de ellos. Por ejemplo, piensa en un perro. ¿Qué puedes aprender de este hermoso ser? Además de la gran lección de vivir en el presente, un perro te ofrece los regalos de la lealtad y el entusiasmo, y también la importancia de jugar y descansar a diario. Estos rasgos constituyen unas lecciones valiosas para nosotros.

Piensa, en otro ejemplo, en lo que puedes aprender de las hormigas. Fíjate en que a pesar de su tamaño minúsculo, trabajan juntas en armonía para construir estructuras increíbles que son cien, mil, o incluso diez mil veces más grandes que su propio cuerpo. Poseen las cualidades de la cooperación, la tenacidad y los logros en beneficio de un bien común. Ejemplifican la idea de que cualquier meta se puede descomponer en acciones más pequeñas y realizables. ¿Qué puedes alcanzar en tu vida, paso a paso, como las hormigas, con la ayuda de tu comunidad?

Cuando reflexionamos sobre la sabiduría de los animales, se nos ocurren imágenes icónicas de animales salvajes como los linces, los coyotes, las águilas o los osos. Pero incluso las escenas y las interacciones diarias con animales de nuestra región y con nuestras mascotas nos recuerdan que debemos vivir en el presente en lugar de hacerlo en nuestra cabeza. El simple hecho de observar a un animal, cualquiera de ellos, nos ayuda a volver al presente, un paso esencial para despertar al Sueño del Planeta. Es una de las razones por las que los animales están presentes con tanta fuerza en los relatos chamánicos: al enfatizar los atributos de los animales por medio del arte de los relatos, transmitimos la importancia de estas cualidades y del poder de adoptarlas mientras creamos nuestro propio sueño.

Existe una variedad de prácticas que nos ayudan a ser más conscientes en lo que se refiere a la gran diversidad de cualidades que el mundo animal nos ofrece. Las siguientes prácticas consisten en observar a los animales, en desarrollar una relación especial con un animal espiritual en concreto y en «acecharte a ti mismo» al emprender un poderoso viaje interior con tu animal espiritual.

Observa las cualidades de los animales

Prepara y reúne:

- Un cuaderno y un bolígrafo.
- Música de meditación y concentración (opcional).

Una forma de aprender de los animales consiste simplemente en pasar un tiempo con ellos y observarlos. Puedes hacer esta práctica en cualquier momento y lugar, pero te sugiero que te reserves un rato a lo largo del día, de al menos quince minutos, para que te cunda. Pasar un tiempo con algún animal siempre es poderoso y en Internet también encontrarás una gran cantidad de material para contemplar animales de todo el mundo. Puedes observar a cualquier animal, desde el más pequeño al más grande: un insecto correteando por el suelo, tu perro o tu gato, las ardillas o los pájaros de tu jardín, o si vives en una zona rural, las vacas o los caballos en el campo. También puedes observar a los animales salvajes mientras haces alguna excursión por un paraje natural. Pero asegúrate de no correr ningún riesgo y de tener en cuenta las necesidades del hábitat de los animales y del entorno donde viven. Estos encuentros pueden ser apasionantes, pero no descartes los animales cotidianos de tu entorno, e incluso los que la gente teme o evita, como ratas, ratones, mapaches, zarigüeyas, murciélagos y serpientes. Recuerda este antiguo dicho: «Si crees ser demasiado pequeño para cambiar las cosas, intenta dormir con un mosquito en tu habitación». Todos los animales tienen algo que enseñarnos si estamos dispuestos a aprender.

En primer lugar, acomódate en tu espacio. Despréndete de cualquier miedo o ansiedad del pasado. Deja que tu mente entre en un estado receptivo y atento. Si escuchar música te ayuda a serenarte, escúchala con auriculares para que los animales no se alejen asustados por el ruido. Respira profundamente varias veces. Si deseas estar un rato con los ojos cerrados, imagina que eres un árbol, una roca o cualquier otra parte del paisaje. Te ayudará a enviarles a los animales de la zona el mensaje energético de que eres un observador amistoso y no una amenaza para ellos.

Si te encuentras en un espacio natural, ten en cuenta que puede que pase un tiempo antes de que algún animal se acerque por los alrededores. Da la bienvenida a cualquier animal que veas como un respetado visitante del mundo viviente. No te sientas decepcionado si solo ves animales con los que te topas a diario, como ardillas, abejas o palomas. Estas resistentes criaturas tienen muchas cosas para enseñarnos, como su capacidad de adaptación.

Mientras observas al animal, fíjate en si se te ocurre alguna asociación relacionada con él: por ejemplo, algún relato mitológico, religioso o cultural construido a lo largo de generaciones, al observar a los animales, que refleje las cualidades que estos seres han ofrecido a tus ancestros y que siguen siendo relevantes en la actualidad.

Piensa en cómo las cualidades de los animales te pueden ayudar en tu vida personal. En cómo tu ser, tu viaje autosanador y tu comunidad se pueden beneficiar de los movimientos rápidos como una flecha de una serpiente de liga, del incesante canto de una cigarra, o de la preservadora hibernación de un erizo o un oso.

En todas tus observaciones fíjate sobre todo en la presencia y la elegancia de cada animal, pero sin la mente soñadora ni su adicción al sufrimiento.

En cuanto hayas pasado un tiempo observando a un animal y reflexionado sobre las cualidades que te ofrece, puedes ir más lejos e imaginar que te metes en su cuerpo y lo ves todo a través de sus ojos. ¿Cómo es el mundo desde su punto de vista? Observa la viveza de las circunstancias presentes a cada momento sin quedarte atrapado en el pasado ni en el futuro. Métete en la mente del animal que estás observando. Aunque la idea de entrar con tu mente en la de otro ser te parezca rara, en el chamanismo tolteca no creemos que la conciencia se limite a la mente o al cuerpo. Es decir, no se encuentra en el cerebro. Por eso los chamanes pueden «contactar» con la conciencia y comunicarse con el mundo viviente de forma más profunda para ver a través de los ojos de sus hermanos y hermanas los animales, y también de las plantas, los ríos, las montañas y el planeta.

Cuando hayas acabado de observar a un animal, dale brevemente las «gracias» por las lecciones que puede enseñarte y por el tiempo que ha pasado contigo en este día. Si lo deseas, puedes dejarle a modo de agradecimiento una pequeña ofrenda de semillas o cualquier otra clase de comida indicada para él. Resérvate un rato para escribir tus observaciones y notas en tu diario.

Animales espirituales

En la tradición tolteca (y en muchas otras culturas chamánicas) se enseña lo importantes que son los animales espirituales. Quizá ya hayas leído sobre este tema en el pasado. También se les conoce como «animales de poder» o «animales totémicos». Aunque algunas culturas no coincidan en su forma de ver a estos guías espirituales y compañeros especiales, los nombres con los que se les conoce son parecidos.

Algunas tradiciones creen que el chamán tiene que esperar a que el animal se le aparezca en sueños o en los viajes, o en medio de una determinada ceremonia. En la tradición tolteca, creemos que cada uno elige a sus animales espirituales según el trabajo que haya hecho a la hora de discernir los dones y las cualidades que más desea cultivar. Es evidente por qué es esencial hacer el ejercicio anterior de observar a los animales antes de iniciar estas relaciones sagradas. Cuando elegimos a un animal en concreto, o a varios, porque nos atraen ciertas características suyas, podemos llevar esas mismas cualidades a nuestro Sueño Personal a modo de herramientas. Y ser en cualquier momento tan estratégicos como un águila, por ejemplo, tan astutos como un zorro o tan poderosos como un jaguar.

Te recomiendo que elijas tres animales espirituales como guías. En mi propio caso, he elegido el murciélago, la serpiente de cascabel y el jaguar como mis animales espirituales. El murciélago llegó a mi vida cuando estaba aprendiendo a moverme por el mundo después de quedarme ciego temporalmente por un problema de salud. Privado de la vista, tuve que aprender a vivir de otra forma totalmente distinta. Esta experiencia también me enseñó a ignorar mi mente y a seguir mi corazón y mi intuición. Este fue el regalo que recibí del murciélago. Cuando me siento perdido en la vida sigo recurriendo a su sabiduría, pues el murciélago me ha enseñado a escuchar con más nitidez mi guía interior y a estar ciego a cualquier destello del exterior que me distraiga o tiente.

También me siento conectado a la serpiente de cascabel. Cuando son jóvenes, las serpientes de cascabel no saben controlar su veneno, y en una etapa de mi vida yo fui como ellas en cuanto a mi veneno emocional. Cuando me sentía mal «mordía» a cualquiera que tuviera cerca, fueran cuales fueran sus intenciones, y soltaba de golpe toda mi ponzoña. Pero con el tiempo maduré, como hacen las serpientes de cascabel, tomé conciencia de mi veneno y aprendí a controlarlo.

Mi tercer animal espiritual es el jaguar. El jaguar caza acechando a sus presas y personifica la acción en el momento preciso. El jaguar no solo tiene un propósito firme, sino también fuerza y poderío. Recurro al espíritu del jaguar cuando necesito avanzar, cuando mis miedos y dudas me mantienen atrapado en el estancamiento y la pasividad. Cuando invoco a este animal tan potente, estoy recordándome a mí mismo que mi propósito también es poderoso y que, si llevo a cabo las acciones requeridas, puedo alcanzar mis deseos, mis sueños y mis objetivos.

Cualquier persona puede establecer esta relación especial con un animal espiritual. Quizá uno (o dos o tres) ya sea una parte importante de tu vida, o se te aparezca a menudo en sueños o en la vida cotidiana. Hay quienes desde pequeños ya se sienten atraídos por un animal en concreto o reciben a menudo regalos relacionados con ese animal. Son los signos de haber elegido un animal espiritual sin ser consciente de ello. Pero no te sientas obligado a elegir uno que los demás asocien contigo. Deja que sea un animal en concreto, o un atributo que te guste cultivar, el que te atraiga, al margen de lo que piensen los demás. Es tu propio viaje.

Descubre tus animales espirituales

Prepara y reúne:

- Un bolígrafo y un diario.

Para empezar esta práctica busca un lugar tranquilo y medita en silencio al menos durante cinco minutos, aunque puedes alargar la sesión si te apetece. Aquieta la mente y concéntrate en la respiración durante este tiempo, así te calmarás del constante movimiento del mundo.

Cuando te sientas sereno y relajado, lee la siguiente oración/mantra en voz alta:

Animales espirituales, aliados y guías,

amigos de plumas, pelaje y garras,

os abro mi corazón y busco vuestra sabiduría.

Maestros del mundo viviente,

os doy la bienvenida.

Cuando la hayas recitado, escribe los animales que te vengan a la mente. Hazlo de inmediato, sin limitar ni corregir tus pensamientos: los animales pueden aparecer de la forma más inesperada. Repasa después tu lista y escribe las cualidades que cada animal represente para ti. Aquí tienes algunos ejemplos con los que empezar:

Mariposa: transformación, glamur.

Gato: independencia, discernimiento.

Águila: estrategia, liderazgo.

Lombriz: renovación, conexión con la tierra.

Elefante: energía maternal y familiar, poder apacible.

Caballo: fuerza, sensibilidad ante los otros seres.

Lagartija: rapidez de reflejos, instintos primarios.

Conejo: energía sexual creativa, autoprotección.

Tiburón: ferocidad, supervivencia, sexto sentido.

Serpiente: astucia, poder emocional.

Ardilla: observación, rapidez de reacción.

Tortuga: determinación, estabilidad.

Ballena: sabiduría ancestral, migración.

Pájaro carpintero: curiosidad, diligencia.

Recuerda: las cualidades de la lista son lo que estos animales representan para mí, pero lo que es importante es lo que representan para ti. El camino de los chamanes consiste en seguir tu propia verdad, y la tuya tal vez sea distinta de la mía.

Cuando hayas escrito la lista, reflexiona sobre cada animal y sus atributos, y elige tres que tengan las características que se te ocurran en ese momento o que desees cultivar en ti.

En cuanto los hayas elegido, concluye la ceremonia dando las gracias a los animales por haberse presentado ante ti de esta manera. Durante los días siguientes, encuentra un símbolo que represente cada uno de los tres animales para tu altar personal o tu bolsa medicinal. Podría ser una pluma que encuentres en el suelo, restos de pelaje, una estatuilla o incluso una foto del animal.

Empieza a llamar a tus animales espirituales cuando necesites que sus cualidades se manifiesten durante el día. Por ejemplo, si estás intentando hacer un cambio importante en tu vida, invoca el poder de transformación de la mariposa. Si estás esperando aumentar tu familia, pídele a la coneja sus bendiciones. Después de haber estado durante un mes o dos llamando a menudo a tus animales espirituales, saca la lista y escribe cualquier cualidad nueva que hayas descubierto mientras has estado trabajando con ellos.

Acecharte a ti mismo: un viaje con tu animal espiritual

Para este ejercicio céntrate solo en un animal espiritual. Busca un espacio acogedor y seguro donde nadie te interrumpa durante al menos treinta minutos. Siéntate en una silla cómoda con los pies planos en el suelo, en contacto con la Madre Tierra.

Céntrate respirando profundamente varias veces para sosegarte. Despréndete de cualquier angustia por el futuro o cualquier preocupación por el pasado, ahora te encuentras a solas en este espacio y en este momento perfectos.

Cierra los ojos y visualiza en tu mente a tu animal espiritual. Si tienes una forma de contactar con él, como ir a un determinado lugar del mundo interior para reuniros, hazlo. Cuando digo «mundo interior» me refiero a cualquier versión de tu conciencia imaginativa que surja en la meditación, la oración o el estado de sueño. Visualiza en este espacio a tu animal ante ti y siéntete lleno de alegría y paz al encontrarte en presencia de este aliado poderoso y fascinante.

Míralo a los ojos, advierte lo distintos que son de tus ojos humanos. Quizá sean penetrantes como los de un ave de presa, o profundos pozos de agua, como los de una nutria. Observa cómo sus ojos se van acercando a ti hasta pegarse a los tuyos. Imagina ahora que cierras los ojos en el mundo interior y que cuando los abres ya no estás mirándolo a los ojos, sino viendo el mundo a través de los suyos. Echa una mirada a tu mundo interior a través de los ojos de esta increíble criatura. ¿Cómo es verlo todo con la mirada de tu animal espiritual? ¿Qué adviertes que no hayas visto antes? Explora el paisaje de la mente interior mientras te desplazas estando en la mente de tu animal espiritual, tanto si es por una jungla, un desierto, un océano o el jardín cubierto de césped de tu casa.

Tal vez desees ver una parte de tu vida humana con los ojos de tu animal espiritual, una experiencia de lo más poderosa. Piensa en un momento y un lugar de tu vida al que te gustaría viajar: podría ser un acontecimiento feliz, por ejemplo, o un momento difícil. ¿Qué te revela cuando lo ves con sus ojos? ¿Qué cualidades te ofrece tu animal espiritual que tú quizá no tengas? (*Nota:* si te implicas demasiado emocionalmente en la escena, tal vez descubras que ya no la estás viendo con los ojos de tu animal espiritual. Si es así, respira a fondo varias veces para despejarte y vuelve a verlo todo a través de sus ojos).

Visitar de nuevo tu experiencia humana en el cuerpo de tu animal espiritual te permite hacer lo que algunos chamanes llaman «acecharte a ti mismo», y esta experiencia te puede ofrecer poderosas revelaciones interiores y la sanación personal. Ten en cuenta que tu animal espiritual te protege continuamente. Con este aliado puedes moverte por tus relatos negativos y ver la verdad de tu vida.

Cuando estés preparado, cierra los ojos en el mundo interior, y cuando los abras volverás a verlo todo a través de tus ojos y estarás mirando de nuevo el rostro de tu querido amigo. Dale las gracias por su ayuda y su guía, y pregúntale si hay algún otro mensaje que quiera comunicarte en este momento.

En cuanto te hayas despedido de él, vuelve a tu cuerpo en el mundo viviente. Respira a fondo varias veces y estira los brazos y las piernas. Mueve los dedos de las manos y de los pies. Cuando estés preparado, abre los ojos y vuelve plenamente a este lugar en este momento.

Te aconsejo que, en cuanto hayas terminado de hacer este ejercicio, anotes tus experiencias en tu diario para asegurarte de captar los detalles de la experiencia y poder reflexionar sobre ella más tarde.

5
OBJETOS DE PODER

Una mujer sube por la colina de un parque del vecindario a primeras horas de la mañana, poco antes del amanecer. Lleva una mochila a la espalda y un bastón en la mano para mantener el equilibrio y apartar las piedras afiladas del camino. Llega a su lugar especial en la cima de la colina en el momento en que el sol despunta sobre el valle. A lo lejos se alzan los rascacielos y otros edificios altos del centro de la ciudad. La mujer deja la mochila en el suelo y saca una vieja bolsa de fieltro de su interior. Después la abre y saca un trozo de madera nudosa rodeada de cintas de distintos colores que ha encontrado en la playa, una turmalina negra, una concha diminuta envuelta cuidadosamente con un pañuelo de papel, un collar de bellotas ensartadas con un fino cordel azul, y una sonaja que se hizo el año anterior con una calabaza cultivada en su huerto con este fin. Se pone el collar de bellotas alrededor del cuello, sostiene la turmalina negra en una mano y la sonaja en la otra, y empieza a rezar por los habitantes de su ciudad: por todos los que se están levantando para ir a trabajar, por los que se despiertan con preocupaciones y dudas en la cabeza, y por los que tienen facturas por pagar o hijos que alimentar.

▲▼▲▼▲▼▲

Como ilustra este bello relato, los objetos materiales del Sueño del Planeta pueden ser unas herramientas poderosas que nos ayudan a alinear nuestros propósitos con el amor en lugar de con el miedo, para ser útiles a los demás y a la Madre Tierra. También sirven como representaciones físicas o recordatorios de los objetivos que nos hemos marcado, o de las cualidades que queremos cultivar en nuestro interior.

Cuando los objetos materiales desempeñan estos papeles, se llaman objetos de poder. Un objeto de poder, o tótem, es un objeto o símbolo sagrado con el que creas una relación personal para invocar su poder y todo lo que representa.

Desde el punto de vista chamánico, los objetos del Sueño del Planeta no son «cosas» inanimadas, sino que contienen la energía del nagual. Incluso la ciencia occidental lo ha reconocido en el último siglo y enseña que todas las cosas de este hermoso planeta están hechas de átomos, cuyas partículas están en constante movimiento. Cuando contemplamos una piedra, un palo de madera o cualquier otro objeto que parece «inanimado», en realidad se compone de partículas infinitesimales que se están moviendo todo el tiempo. La energía, o el nagual, es lo que hace posible la materia.

Sin duda, habrás experimentado la energía de ciertos objetos en muchas ocasiones de tu vida, aunque no lo hayas interpretado de este modo cuando te ocurrió. Por ejemplo, si alguna vez te has sentido atraído por un objeto, ya sea en la naturaleza o en una tienda, es la energía del objeto la que te atrae. Cuando lo vemos de este modo, empezamos a entender la relación vibracional entre nuestra energía y la de ciertos objetos. Normalmente, cuando nos ocurre decimos «me gusta esto» o «no me gusta». Si bien los gustos y las aversiones se pueden basar en la mente soñadora, son nuestras profundas afinidades energéticas las que crean esta atracción instintiva que sentimos por algo. Sobre todo cuando decimos frases como «me gusta esto, pero no sé exactamente por qué».

Sin embargo, cuando nuestra bolsa medicinal interior está llena de herramientas de negatividad y no nos damos cuenta, nos pueden atraer objetos que alimentan esta energía negativa y crean sufrimiento en nuestra vida. Cuando lo vemos con más claridad es al mirar atrás y descubrir que en el pasado nos atraía algo que ahora consideramos inútil o incluso autodestructivo (como el abuso de alcohol y drogas). Cuando limpiamos nuestra bolsa medicinal interior, solemos descubrir que lo que nos atraía en el pasado ya no nos gusta. También podemos advertir que cuando tenemos un «mal día» —significa que volvemos a caer en nuestra adicción al sufrimiento—, como nos ocurre a todos de vez en cuando, sentimos la tentación o el deseo de recurrir a esos elementos destructivos.

En cuanto reconoces la energía de los objetos y entiendes que algunos te atraen en especial, aprendes a usarlos de una forma positiva como herramientas que te ayudan en tu camino. Puedes invocar su poder e incluso amplificarlo para alinear tu corazón y tu mente con el nagual. Cuando estableces un vínculo especial con un objeto o le añades tu creatividad y tus habilidades artísticas, el poder del objeto aumenta y te ayuda a avanzar por el camino que deseas.

Muchas personas ya tienen objetos que las hacen vibrar, pero quizá no los han identificado aún como objetos de poder. Al reconocerlos, se transforman de especiales en sagrados, y la conexión energética que mantienen con ellos aumenta. La siguiente ceremonia sirve precisamente para esto.

Ceremonia del objeto de poder

Prepara y reúne:

- De tres a cinco objetos que sean significativos para ti.
- Tu incienso favorito (opcional).

El primer paso es reflexionar sobre los objetos que ya tienes y que ocupan un lugar en tu corazón. Por ejemplo, quizá posees una piedra, una concha marina, una joya, un icono religioso, una moneda o un pequeño regalo que es muy valioso para ti. En cuanto hayas identificado ciertos objetos por los que sientes una conexión especial, el siguiente paso es profundizar en lo que simbolizan para ti.

Considera el significado de cada objeto. Por ejemplo, si alguien te lo regaló, quizá simboliza amistad, conexión o amor. Si es algo que recogiste durante unas vacaciones, puede simbolizar paz, aventuras o la necesidad de relajarte. Si es un icono religioso, tal vez te recuerde que debes confiar en que todo ocurre porque tiene que ocurrir, aunque parezca lo contrario.

En cuanto hayas identificado los objetos y reflexionado sobre las cualidades que poseen para ti, haz una ceremonia especial de dedicación para ellos.

Sostén el primer objeto con una mano y piensa en las cualidades que tiene para ti. Usando tu mente, dirige tu propósito hacia el objeto. Tu propósito empezará a transformar tu objeto especial en un símbolo amplificado y potente de las cualidades positivas que representa para ti. Cierra los ojos y visualiza tu propósito mientras fluye de tu cuerpo al objeto de poder. Imagina que tu propósito se aferra al objeto con firmeza, como si fueran raíces en una tierra rica y fértil. Di la siguiente oración en voz alta, rellena los espacios en blanco con la cualidad o las cualidades que el objeto te ayudará a activar en tu interior:

> «Gracias por llegar a mí. Sé que eres un símbolo de _____. Ahora estás imbuido de mi propósito y cuando necesite cultivar _____, te pediré que me ayudes. Cada vez que te vea o que piense en ti, recordaré mi propósito de tener _____ en mi vida».

En cuanto lo hayas hecho, pon este objeto dentro de tu bolsa medicinal o encima de tu altar personal. Si ya ocupa un lugar especial en tu hogar, puedes dejarlo ahí. Cada vez que lo veas, te recordará las cualidades que estás intentando cultivar en ti y te enviará esta energía. También puedes recurrir a tu objeto sagrado cuando lo necesites, incluso puedes sostenerlo con una mano si lo llevas encima para que aumente tu determinación de cultivar las cualidades que deseas.

Caminata en busca del objeto de poder

Prepara y reúne:

- Unas tijeras o un cuchillo pequeño para cortar flores o ramas (asegúrate de que esté permitido hacerlo en la zona y de que no sean plantas tóxicas).
- Una bolsa o cesta para lo que te atraiga en tu caminata.

- Un mapa de la zona para anotar dónde los has encontrado (opcional).

Los objetos de poder harán que te fijes en ellos en el momento adecuado, pero tienes que estar disponible para que te encuentren. Una de las mejores formas de hacerlo son las caminatas por la naturaleza. Recuerda que el mundo viviente no se acaba en los límites de un pueblo o una ciudad. Incluso en un ajetreado centro urbano puede sorprenderte lo que llega a ti.

Durante la caminata abre tu corazón y tu mente al mundo viviente. Sé consciente de los alrededores y deja que tus sentidos te guíen. El aroma de un ciruelo en flor o el murmullo del agua pueden ser una invitación a investigar más a fondo el lugar. Cuando llegues a un sitio que te ha atraído, mira a tu alrededor para ver si hay algún objeto que te esté llamando. Si encuentras uno, recógelo y pregúntale si desea ir contigo y formar parte de tu camino espiritual. Siente su energía en tu mano y observa si aparece al instante cualquier imagen en tu mente.

Depende de tu intuición personal cómo interpretas la respuesta del objeto, pero si tienes alguna duda, dale las gracias al objeto y déjalo donde lo has encontrado. Tanto si te lo llevas contigo o no, dale las gracias a la naturaleza por guiarte.

Dedica todo el tiempo que sea necesario a este proceso. Estás creando relaciones con los objetos al caminar por el mundo viviente con un corazón receptivo. No esperes regresar de cada caminata con un objeto sagrado. Son unos objetos de lo más especiales y puede que tengas que explorar distintos lugares antes de encontrar uno que te esté llamando a ti.

En cuanto lo hayas encontrado, haz la ceremonia de dedicación descrita en la página 104. También puedes poner este nuevo objeto de poder dentro de tu bolsa medicinal o encima de tu altar personal.

Objetos de poder artísticos

Últimamente, como el chamanismo tolteca reconoce la importancia de la vida como arte, veo casi cualquier tipo de arte material como objetos de poder. En la mayoría de casos, el artista ha usado una serie de materiales y los ha combinado de forma sincera con el propósito, la habilidad y la energía de crear algo nuevo y bello. De este modo, el arte contiene una combinación de la energía de los objetos y la energía del artista y, como cada persona es una expresión única de la energía vital, no nos gusta a todos lo mismo, sino que sentimos predilección por distintos artistas o distintas obras de arte.

Por esta razón, cualquier arte que crees puede ser un objeto de poder si tú quieres. Sobre todo para cualquiera que haya dicho alguna vez: «No soy creativo». Todos somos creativos. De niños éramos creativos —dibujábamos imágenes, jugábamos a meternos en la piel de distintos personajes, contábamos relatos—, pero en algún momento de la vida nos dijeron, o decidimos creer, que no éramos «verdaderos» artistas, o que nuestro arte no era lo «bastante bueno».

Crear una pintura, una escultura, una pieza artesanal o un poema nos ayuda a liberar la mente del antiguo relato de «No soy creativo». Puedes hacer la ceremonia de dedicación de los objetos sagrados con cualquier tipo de arte que crees para transformarlo en tu objeto de poder, y ponerlo después encima del altar o dentro de tu bolsa medicinal.

Además, puedes decorar uno de tus objetos de poder, así aumentará el propósito del que lo imbuiste y te recordará que eres un poderoso creador. Por ejemplo, puedes decorar y embellecer un objeto con cintas, pintura, guijarros, flores secas o plumas. Así no solo realzarás la belleza del objeto, sino que mantendrás una relación más profunda con él y activarás, al mismo tiempo, al creador que hay en ti.

Si sientes el deseo de embellecer uno de tus objetos de poder o de transformarlo en una obra de arte, sostén el objeto en una mano y ábrete a la idea de que tal vez te muestre qué es lo que quiere ser. Miguel Ángel aseguraba que veía dentro del bloque de mármol la figura que iba a esculpir, de modo que solo tenía que eliminar lo que no formaba parte de la escultura.

Utiliza tu mente intuitiva de este modo y mantente abierto a las sugerencias del mundo viviente o del propio objeto. Aparte de seguir el método tradicional, puedes decorar un objeto de muchas formas: puedes usar plumas pequeñas que han dejado en el suelo los pájaros que han pasado por allí, guijarros o piedras relucientes, frutos secos y semillas, u hojas y flores secas. Puedes sumergir el objeto en un tarro lleno de agua o aceite, o meterlo en una caja especial de cristal. Hay una infinidad de opciones.

Mientras creas tu obra de arte, puedes aumentar la cualidad sagrada del proceso quemando barritas de incienso o atados de hierbas para sahumar, o limpiando el espacio con agua o sonidos (cantando, tocando el tambor, agitando las sonajas o escuchando música sagrada). Así se convierte en una ceremonia creativa. Pídele a los espíritus que guíen tus manos mientras creas tu obra de arte y no temas probar algo nuevo. La creatividad consiste en hacer algo que no hayas hecho antes y en lograr que lo conocido parezca algo nuevo.

Ahora que el capítulo está a punto de concluir, probablemente ya te has dado cuenta de que un objeto de poder sirve también para fortalecer un nuevo acuerdo contigo mismo. Imagina que eres la mujer del principio del capítulo, de pie en lo alto de una colina, recurriendo a una bolsa llena de bellos objetos que vibran repletos de propósito y significado. Visualiza tu bolsa medicinal, cuidada y querida, evolucionando a cada momento y apoyando tu mayor deseo. Imagina ahora que usas tus objetos sagrados en ceremonias que fomentan, protegen, aumentan y sustentan tus aportaciones creativas y positivas al Sueño del Planeta.

6
HONRAR A LOS ANCESTROS

Al final de una guerra devastadora, dejaron en el portal de un orfanato a un bebé: llevaba en la ropa una nota sujeta con un alfiler, en la que solo ponía su nombre y su fecha de nacimiento, y nada más. Una familia del otro extremo del mundo lo adoptó. Aunque sus hermanos y sus padres lo adoraban y querían mucho, siempre sentía la herida de la separación. De adulto, decidió viajar a su país natal para visitar el lugar donde lo habían encontrado de bebé. En cuanto llegó al orfanato se echó a llorar desconsoladamente. Una anciana encorvada se acercó a él sin que lo advirtiera. Se sentó a su lado en el peldaño de la entrada y le tocó con suavidad el hombro. Él alzó la cabeza y la miró a los ojos.

—Nunca serás un desconocido —le dijo la anciana—. Vayas donde vayas, los ancestros te guiarán y protegerán.

—Pero los he perdido —dijo él llorando—. Ni siquiera saben quién soy.

—Es imposible —repuso la mujer—. Aunque no los hayas visto, ni tengas recuerdos de ellos o fotos suyas, viven dentro de ti. No podría ser de otra forma. Están en tu corazón.

Tras pronunciar estas palabras, se tocó el pecho con las puntas de los dedos, se levantó y se alejó arrastrando los pies.

▲▼▲▼▲▼▲

En mi tradición, como en muchas otras tradiciones chamánicas, es muy importante honrar a los ancestros. Al igual que la naturaleza y el mundo animal nos muestran que estamos conectados con toda la vida, cuando honramos a los que nos precedieron ocupamos nuestro lugar como parte de una gran sucesión sin principio ni fin. Esto es el nagual. Al recordar a nuestros padres, a nuestros abuelos y a las personas que los precedieron, vemos que todos forman parte del inmenso fluir de energía y vida en el que también nos encontramos ahora. Somos la flor de sus vidas y la semilla de las vidas que aparecerán después de nosotros.

Considera, además, la idea de que tus ancestros no son solo las personas a las que estás unido biológicamente, sino que también puedes sentir que tienes ancestros de espíritu, es decir, las personas cuyo arte o filosofía te han influido o ayudado a encontrar la sanación a lo largo del viaje de tu vida. Tus «ancestros» pueden ser biológicos, artísticos o espirituales, o todos estos aspectos juntos. Sean quienes sean, personifican las creencias, las tradiciones y las historias que te precedieron y forjaron el camino que te ha llevado a este planeta. Al recordar y honrar a tus ancestros, eres consciente de su sabiduría en tu vida y la encarnas en ti en el presente. Su energía, sus sueños y su amor siguen viviendo a través de ti.

Lo que el joven de la historia del inicio del capítulo ignoraba es que siempre podía llamar a sus ancestros cuando los necesitara, ya que nunca están lejos. ¿Cuándo debes llamar a tus ancestros? Aparte de los beneficios cotidianos de recordarlos a diario, puedes invocarlos como poderosos aliados en momentos complicados o cuando debas tomar una decisión difícil. Hablar con tus ancestros puede darte claridad a la hora de criar a tus hijos o de cuidar a personas mayores. También puedes aprovechar tu relación con los ancestros simplemente por la alegría y la gratitud que te hacen sentir, o para recibir inspiración y fuerza cuando emprendas nuevos proyectos.

A veces descubrirás que tus ancestros te hablan: solo tienes que abrirte a su presencia para oírlos. Tanto si crees como si no en fantasmas o en espíritus, puedes incluir la medicina de la poderosa rememoración que te llega intuitivamente. Por ejemplo, quizá tu tío era un bromista y cuando no encuentras algo o el cordón del zapato se te desanuda misteriosamente, recuerdas su espíritu chistoso y cómo te enseñó a reír y a abrirte a la alegría. Como a tu madre le encantaban quizá los elefantes, al ver uno sabes que es una invitación para saludarla y agradecerle todas las cosas buenas que te dio en la vida. Tengo un amigo que se acuerda de la presencia de un querido amigo suyo que falleció cada vez que ve una luz parpadeando o apagándose.

Por supuesto, cuando la muerte llega de improviso, como ocurre a veces, nos puede quedar una energía sin resolver que deseamos expresar. Por ejemplo, el padre de una amiga mía murió de repente de un infarto cuando ella era adolescente. Al ser un hombre de mediana edad que estaba sano, sus seres queridos no se lo esperaban y quedaron impactados por su muerte. Y para empeorar aún más las cosas, la joven se obsesionó con las últimas palabras que le había dicho a su padre antes de que él muriera. Tenían la costumbre de decirse siempre «te quiero» cuando se despedían por teléfono o en persona. La última mañana que ella lo vio con vida habían estado discutiendo. Llegaba tarde al instituto y le había pedido a su padre que la acompañara en coche. Él tuvo que llevarla, aun sabiendo que llegaría tarde al trabajo, y cuando ella salió del coche no se acordaba de si se habían dicho «te quiero». Sabía que el amor que ambos sentían era muy profundo. Él era un padre y un profesor entregado, afectuoso y sabio, y ella lo adoraba y respetaba enormemente. Pero debido a su dolor y a la reciente pérdida, se obsesionó preguntándose si aquella mañana ella le había dicho «te quiero».

Tras la muerte de su padre, empezó a dormir de día y de noche y perdió el apetito. Su piel adquirió un tono amarillento y tenía unas profundas ojeras en la cara. La pena le estaba consumiendo el cuerpo y el alma.

Aunque nunca hubiera recibido ninguna enseñanza sobre cómo crear altares o hacer rituales, se descubrió haciéndolo. Cada día iba andando a un gran parque urbano que había cerca de su casa y se adentraba por los senderos hasta llegar a espacios solitarios del bosque, donde no había ningún signo de la ciudad. Al cabo de poco descubrió un espacio donde sentía la presencia de su padre. En ese lugar se emocionaba mucho. Allí podía estar sola: algunas veces lloraba, otras los recuerdos y los pensamientos la hacían reír y a menudo imaginaba conversaciones que había mantenido con él. Pero la pregunta seguía atormentándola: ¿le había dicho «te quiero» a su padre?

Un día se puso a recoger tallos y ramas en el parque. Despejó una pequeña zona en el suelo del bosque y le escribió un mensaje con el material recogido. Escribió TE QUIERO y rodeó estas palabras con un óvalo hecho de tallos, ramas y hojas. Al escribir físicamente estas palabras en el lugar donde sentía la presencia de su padre, su corazón empezó a abrirse. Por primera vez se sintió un poco mejor. Cada día iba a visitar el mensaje: al principio lo limpiaba y reparaba cuando la lluvia o el viento lo estropeaban, pero más adelante se fue deteniendo cada vez menos para arreglarlo y, finalmente, dejó que el mensaje se fuera deshaciendo hasta desaparecer en el suelo del bosque.

Años más tarde, volvió de nuevo al lugar. Ya no quedaban las señales físicas del mensaje, pero seguía sintiendo el poder de su amor y su pérdida. El viento que agitaba las ramas de los árboles, el murmullo del sotobosque y la maleza que crujía bajo sus pies le susurraban «te quiero». Fue en ese momento cuando supo que ya no tenía que preocuparse más sobre esta pregunta y que su preocupación no había sido más que otra forma de seguir obsesionada con el dolor y el sufrimiento, una especie de muerte en vida. El amor que sentía por su padre y el que él sentía por ella era innegable. Descubrió que en realidad su sufrimiento era una gran afrenta a su padre. No lo honraría de verdad hasta que ella volviera a vivir su vida. Solo cuando la viviera realmente podría ofrecer a la memoria de su padre el respeto y el amor que se merecía. El amor de su padre era un gran regalo en su vida y se sintió sumamente agradecida.

El poderoso descubrimiento de mi amiga —ver que la mejor forma de honrar y servir a los seres queridos es llevando la mejor vida posible— es en realidad una enseñanza tolteca. En la tradición tolteca, el propósito más profundo del Día de los Muertos, celebrado el 2 de noviembre, no es rendir homenaje a los seres queridos que han fallecido, sino recordar las formas en que estamos muertos incluso mientras vivimos. Es una llamada de atención. Nuestro sufrimiento es una manera de huir y escondernos de la vida, y podemos imaginar a nuestros seres queridos difuntos sacudiendo la cabeza mientras dicen: «¡Eh, estás vivo! ¡Despierta y celebra la vida! ¡Vive de verdad!». Es una invitación a regresar a la vida, a resucitar. Yo creo en la resurrección en esta vida. Cuando nos comprometemos a dejar nuestra adicción al sufrimiento, vivimos de otra forma, podemos empezar a ser quienes somos y volvemos a la vida de nuevo.

Un modo de cultivar la medicina de la rememoración es por medio de un recuerdo bendito. Este tipo de objeto lo podemos encontrar en la naturaleza, crear o heredar de un ser querido. Por ejemplo, un amigo mío heredó el reloj de su difunto padre y este objeto le ha estado reconfortando y dando fuerza a lo largo de los años. Gracias al poder de la rememoración y la presencia, este reloj le permite conectar con su padre cuando necesita guía y apoyo. Lo guarda en su bolsa medicinal y lo saca cuando necesita recibir la fuerza de su padre o quiere pedirle ayuda al tomar una decisión. Un recuerdo bendito hace de puente entre el presente y el pasado, entre el mundo visible y el mundo invisible.

Ceremonia del recuerdo bendito

La siguiente ceremonia sirve para crear un nuevo recuerdo bendito o para aumentar el poder de uno que ya lleves encima.

Prepara y reúne:

- Un vaso de agua o un plato con la comida preferida de tus ancestros.

- Una vela pequeña.
- Tu incienso preferido o el aroma que a tu ancestro le gustaba en especial (opcional).
- La música que a tu ancestro le gustaba en especial (opcional).
- Un objeto significativo para ti que te recuerde a tu querido ancestro (una joya, una moneda de la suerte, una medalla militar, un pincel, una concha marina).

Puedes hacer esta ceremonia ante tu altar personal o ante una mesa en cualquier otra parte. (Como solemos asociar vívidos recuerdos familiares a la cocina, la mesa de la cocina es un buen lugar para realizar la ceremonia). Deja el vaso de agua o el plato con comida sobre la mesa, enciende la vela para indicarle al mundo de los espíritus tu intención, enciende el incienso (o echa un poco de perfume en el aire) y pon la música especial que has elegido. Estás tendiendo el puente entre el presente y el pasado del que he hablado antes, y el propósito generado por las imágenes, los olores y los sonidos que le gustaban a tu ancestro impregnará tu recuerdo de remembranzas.

Sostén el recuerdo que has elegido en la mano e imagina que invitas a tu ancestro a tomar un bocado y a visitarte. Visualiza su cara en tu mente y abre el corazón para sentir su presencia. Piensa ahora en un intenso recuerdo que asocies con tu ser querido: un evento al que fuisteis juntos, una historia divertida o un rasgo o característica que siempre hayas asociado con él. Cuando estés preparado, cuenta esta historia en voz alta, como si estuvieras hablando con tu ancestro: «Me acuerdo de cuando…», o «Siempre que veo_____ pienso en ti».

Imagina que todos estos recuerdos y sentimientos, imágenes, sonidos y olores se combinan en una gran luz multicolor en la habitación. Visualiza cómo esta luz rodea e impregna el recuerdo que sostienes entre las manos hasta que el objeto brilla con las remembranzas y la presencia. Tómate tu tiempo. Como puede que te emociones, deja que tu cuerpo fluya con esta ceremonia y que tus sentimientos surjan y desaparezcan. Si tienes más historias y recuerdos que quieras contar, hazlo.

Cuando estés preparado, concluye la ceremonia expresando el amor y la gratitud que sientes hacia tu ancestro por los regalos que te ofreció. Hazle saber que aceptas las bendiciones de haberlo conocido y que te llevarás estas bendiciones al mundo al vivir tu vida de la mejor forma posible.

Tu recuerdo está ahora bendecido e impregnado de los recuerdos y el amor que le ofreciste a tu ancestro y que él te dio a ti. Ten presente que siempre que necesites recibir fuerza o guía, puedes sostener tu recuerdo bendito en las manos y estar en presencia de tu ser querido. Ahora este recuerdo ya está preparado para guardarlo en tu bolsa medicinal o dejarlo encima de tu altar personal, o en el de los ancestros. O si lo prefieres, lo puedes poner en el lugar especial que te parezca adecuado.

Tu altar de los ancestros

Otra forma poderosa de honrar a tus ancestros es crear un altar dedicado a ellos. El altar de tus ancestros puede ser un lugar para dejar los regalos que les ofreces durante determinadas fiestas, como el Día de los Muertos (o en alguna otra fecha significativa para tu familia, como el día de los cumpleaños de tus ancestros). O puede ser un lugar donde simplemente pasas un tiempo con ellos y honras su recuerdo. A continuación encontrarás varias indicaciones y sugerencias para crear tu lugar sagrado donde honrar a tus ancestros. Recuerda que además de tus ancestros biológicos, también puedes incluir a tus ancestros de espíritu.

Prepara y reúne:

- Fotos, pinturas o dibujos de tus antepasados.
- Objetos valiosos para el difunto, como joyas, recuerdos, monedas de la suerte, perfumes o libros.
- Iconografía religiosa o espiritual importante para ellos o significativa para ti.

- Símbolos procedentes de la naturaleza o la vida que esa persona amara o apreciara.

- Flores, golosinas, comida, alcohol o dinero para simbolizar la energía/regalos que a tus ancestros les gustaban cuando vivían.

- Velas e incienso.

Honrar a nuestros ancestros y pensar en la muerte nos recuerda que debemos despertar de la muerte y empezar a vivir de nuevo. Este es el regalo de la recordación: nos recuerda que la resurrección es posible en nuestra vida y que podemos estar plenamente presentes cada día. Por esta razón y como eres el artista de tu propia vida, te animo a crear este altar. Así podrás montar y mantener un altar que no solo rinde homenaje a tus seres queridos que han fallecido y les agradece todo lo que te ofrecieron, sino que además te recuerda a diario que debes asegurarte de estar realmente vivo en la vida.

Crea tu altar de una forma que sea festiva, gozosa y agradable para ti. Recuerda que sirve para celebrar la vida y no para centrarte en los aspectos negativos y dolorosos de la muerte. De modo que tu altar puede ser tan colorido, alegre y vistoso como desees.

En cuanto lo hayas creado, procura adquirir la costumbre de detenerte ante él a menudo y ponerte al día con tus seres queridos. Puedes hacerlo charlando con ellos en voz alta, pensando en recuerdos cálidos y afectuosos o imaginando que estáis rodeados de una luz blanca. También puedes hacerles preguntas o pedirles ayuda (tal vez te sorprendan las formas misteriosas en que te lleguen las respuestas a lo largo del día o en sueños). Si les has ofrecido flores recién cortadas o comida que se estropea, revisa el altar con frecuencia y cambia la comida estropeada o las flores marchitas por otras frescas.

También puedes aprovechar el rato que pasas ante tu altar de los ancestros para hablar contigo mismo como si fueras un abuelo o una abuela afectuosos. Hacerlo te ayudará sobre todo si estás pasando un mal momento o si te has quedado atrapado en la visión estrecha de un sentimiento de vergüenza o de inseguridad. Habla contigo mismo como si lo hiciera un querido descendiente tuyo. Recuérdate que todas las experiencias que has vivido hasta ahora son importantes y que te encuentras exactamente donde se supone que debes estar en la vida. Acepta en voz alta que todas las dificultades a las que te estás enfrentando son en realidad un montón de vivencias enriquecedoras y excelentes, aunque todavía no puedas verlo. Recuerda que te quieren. Eres el producto de generaciones de amor y tienes la capacidad de llevar este amor a las generaciones venideras. También puedes zarandearte los hombros como si te dijeras «¡Despierta!» y celebrar que estás vivo.

7
MÉTODOS DE ADIVINACIÓN Y PRÁCTICAS CEREMONIALES

Un día un niño estaba aburrido e inquieto y le preguntó a su madre qué podía hacer. «Lo que quieras, amor mío», le respondió su madre. Como la respuesta no le convenció, le preguntó lo mismo a su padre: «Ponte a hacer los deberes, cariño», le dijo su padre. El chico empezó a dar vueltas nerviosamente por la casa, pensando en qué podía hacer, pero seguía aburrido e inquieto. De pronto, se descubrió frente a una radio antigua de su familia que había en la sala de estar. En una emisora emitían la música anárquica del jazz. En otra, *heavy metal*, que le llenaba la cabeza de poder sónico. Siguió cambiando de emisora para encontrar algo que le gustara. Y de pronto lo encontró. Esa música no se parecía en nada a la que había escuchado hasta entonces. Empezó a mover el cuerpo y los hombros se le relajaron de golpe. Cuando sus padres asomaron la cabeza por la puerta de la sala de estar para ver lo que hacía, descubrieron que estaba bailando alegremente. Pero de la vieja radio solo se oían unas ligeras interferencias: el niño estaba bailando alegre y resuelto al ritmo de la música que sonaba en su corazón.

▲▼▲▼▲▼▲

En la tradición tolteca decimos que la sabiduría que buscamos está en nuestro interior. Significa que en lo profundo de ti siempre encontrarás las respuestas que andas buscando, aunque a veces necesitamos subir el volumen de nuestra propia música para encontrarlas. Todos necesitamos que nos ayuden y orienten de vez en cuando.

Esa orientación tal vez te llegue de un amigo o de otra persona: un maestro espiritual, un ser querido, un psicólogo o incluso de un desconocido sentado a tu lado en el tren. Los demás suelen ser la mejor elección para ayudarnos a encontrar la sabiduría que hay en nuestro interior, pero a veces podemos tener poderosas percepciones interiores de las voces no humanas que viven en este mundo con nosotros: los árboles y las rocas, los helechos y los ríos, las águilas, las abejas y las zarigüeyas. Si incluyes a los seres invisibles en tu camino personal (como los ángeles, los santos, los ancestros y los espíritus de la naturaleza), también te ofrecerán una profunda guía cuando lo necesites. Vivimos y nos movemos en un mundo que no vemos por completo a simple vista.

Todos estos medios nos ayudan a conectar con nuestra sabiduría interior, una sabiduría que nos cuesta oír cuando estamos atrapados en el caótico bullicio de la vida cotidiana.

Lo cual nos lleva a la siguiente pregunta: ¿hay algo que nos ayude a encontrar las respuestas que buscamos cuando nos sentimos atrapados en ese bullicio? ¿Cómo podemos aprender a escuchar esos mensajes más profundos?

La adivinación es el método de buscar una guía en nuestro interior con la ayuda de otros medios. Se podría decir que la adivinación es una clase de lenguaje o de conducto para la comunicación, tanto si deseamos entrar en contacto con espíritus del exterior o con nuestra intuición interior. La adivinación también te ayuda a contactar con tu inconsciente intuitivo más profundo para ver nuevas posibilidades y resultados en cuanto a unas determinadas elecciones o caminos, y encontrar posibilidades que tu mente pensante y juzgadora no ve.

En este capítulo hablaré de dos clases de adivinación. La primera se compone de una serie de medios para crear historias o patrones para que tú los interpretes. La segunda es el conocido método chamánico de pedirle al mundo viviente que te guíe para buscar después los mensajes que te envía en visiones, sueños o señales. Puedes recurrir a ambas clases de adivinación en muchas situaciones, en ocasiones incluso en la misma ceremonia, para que te orienten en la vida.

Hay que tener sin embargo en cuenta un par de cosas en ambos métodos. En primer lugar, las preguntas que haces son tan importantes como las respuestas que recibes. Antes de buscar los mensajes de tu interior o del mundo viviente, pasa un tiempo reflexionando a fondo sobre la cuestión. ¿Cuál es la mejor forma de presentar la situación para recibir las respuestas necesarias y seguir avanzando? A veces recibir como respuesta un «sí» o un «no» es útil, como cuando usas el péndulo. Pero en muchas otras ocasiones, hacer unas preguntas más profundas tiene un mayor impacto en tu trabajo interior como un todo.

Por ejemplo, en lugar de preguntar si te darán el trabajo que has solicitado, puedes buscar información sobre cómo usar tus talentos de forma significativa y rentable económicamente. Las preguntas abiertas que empiezan por «cómo...» y profundizan en un tema en concreto, combinadas con métodos de adivinación, te pueden llevar a un gran cambio creativo que te abra en la vida unos caminos totalmente nuevos. Abordar la adivinación de este modo también te ayuda a analizar tus antiguos acuerdos y a hacer otros nuevos que estén más alineados con el verdadero propósito de tu alma.

En segundo lugar, es importante recordar al realizar cualquier clase de ritual o práctica de adivinación que la vida es bella y salvaje, imprevisible y extraña. Nada es definitivo y cualquier mensaje recibido en una adivinación debe entenderse como si fuera el consejo de un amigo. Es decir, te puede dirigir hacia una dirección o ayudarte a tomar una decisión por ti mismo, pero no puede decidir por ti ni determinar tu futuro. Tú eres el artista de tu vida, el que está cargado del poder de tu propósito y de la energía del nagual. Ningún augurio ni ninguna imagen impresa en cartulina pueden cambiar esto.

A lo largo de la historia los seres humanos han estado buscando mensajes en la cartomancia, las piedras, los tallos de milenrama y en otros objetos naturales o artesanales. Muchos de estos métodos se siguen practicando incluso en la actualidad, por lo que al final de este capítulo he incluido una lista de métodos adivinatorios con breves explicaciones de cómo realizarlos para que dispongas de más información. Sin embargo, me gustaría empezar compartiendo contigo una práctica única de adivinación y sanación de la tradición de mi familia.

Ceremonia del huevo

Mi abuela era conocida en la comunidad por su ceremonia del huevo, una práctica en parte adivinatoria y en parte sanadora. Hace mucho tiempo que el huevo es un poderoso símbolo del nacimiento, la renovación, la plenitud y las posibilidades. Muchas historias sobre la creación, procedentes de todo el mundo, cuentan que el universo surgió de un huevo descomunal.

La gente iba a ver a mi abuela cuando necesitaban sanar, debían tomar una decisión importante o se sentían estancados en la vida. En todos los casos, ella creía que la fuerza vital del huevo absorbería cualquier miedo o negatividad que sintieran y les permitiría dejar la adicción al sufrimiento y tomar la mejor decisión para seguir avanzando en la vida.

Como curandera, mi abuela usaba el mismo proceso para sanar a la gente, ya que la fuerza vital del huevo se impregnaba de cualquier relato interno, pensamiento o convicción que estuviera limitando a quienes recurrían a ella y los ayudaba a recuperar el estado de bienestar. Para hacerlo, mi abuela cogía el huevo, lo cargaba con su propósito sanador y su corazón abierto, y luego se lo pasaba por el cuerpo a la persona que la había ido a ver mientras recitaba una oración que tenía un profundo significado para ella. Aunque, en realidad, las palabras que pronunciaba no eran lo más importante. Mi abuela elegía las que eran significativas para ella y activaban su fe en sí misma como un canalizador de cambio para sanar a los demás. He querido aclarar este punto porque a veces la gente cree que son unas palabras en concreto las que crean la magia, pero en la tradición de mi familia lo que es importante no son las palabras, sino el sentimiento que generan en el interior de uno. Mi abuela recitaba oraciones toltecas y cristianas, pero cada chamán recita las suyas. El secreto estriba en que las palabras conecten con la energía de estar vivo.

Mientras mi abuela recitaba la oración, le pasaba el huevo por el cuerpo a la persona a la que estaba ayudando y le frotaba ligeramente la piel con un suave mensaje. Al terminar rompía el huevo y echaba la yema en un vaso lleno de agua.

Al observar la yema en el agua, mi abuela sabía lo que le ocurría a esa persona. Era como si le hubiera hecho una radiografía energética. Describía con precisión las dificultades por las que estaba pasando, tanto si esa persona se sentía estancada como si necesitaba sanar en el aspecto físico, mental, emocional o espiritual. Basándose en los resultados de la ceremonia del huevo, mi abuela podía recetarle plantas medicinales o remedios, empezar a sanarla con su propia energía o darle otras instrucciones sanadoras.

Aunque recurrir a una sanadora como mi abuela sea beneficioso, hay otras formas de aclararte la mente y conectar con tu sabiduría interior mediante la poderosa energía de un huevo. Una de ellas es acceder al elemento del aire mientras te frotas la frente con el huevo.

Limpieza mental y práctica adivinatoria

Mi abuela explicaba que en la cosmología del cuerpo, la frente es como un gran cielo, el lugar donde vuelan las águilas. Esto tiene sentido, ya que la imaginación reside en nuestra mente. La adivinación abre y activa la imaginación, crea nuevos caminos a través de la incertidumbre y soluciones creativas para resolver problemas que parecen irresolubles. Por esta razón, mi abuela enseñaba que tenemos que limpiar nuestro espacio mental, porque si el cielo está lleno de humo, el águila no puede ver las posibilidades que tenemos.

Para empezar esta ceremonia, busca un lugar donde puedas relajarte. Si tienes un altar personal y puedes estar cerca de él mientras la realizas, estupendo. Pero lo más importante es que encuentres un lugar donde nadie te moleste durante un espacio de entre quince y treinta minutos.

En cuanto hayas elegido el lugar, tiéndete o siéntate cómodamente y céntrate. Cuando te sientas relajado, piensa a fondo en la cuestión o situación que te ha motivado a hacer esta ceremonia. ¿En qué aspecto necesitas ayuda en este momento?

Sostén a continuación un huevo crudo en la mano, cierra los ojos y frótate suavemente la frente con él. Mientras lo haces, imagina que el huevo absorbe cualquier tensión, negatividad o miedo, y que además te despeja y sana la mente. Fíjate en la sensación que te produce el huevo en la frente, en su cáscara suave y refrescante. Observa también tu respiración: al inhalar, imagina que absorbes un aire puro y cristalino, y al exhalar, imagina que expulsas cualquier clase de humo que te haya estado enturbiando la visión.

Cuando sientas que es el momento de terminar, deja el huevo y quédate en esta postura relajada varios minutos: céntrate en la respiración en el presente y recuerda que la energía del huevo sigue actuando para sanarte y despejarte la mente. Quizá descubras que durante la ceremonia, o uno o dos días más tarde, se te ocurren de pronto nuevas ideas en cuanto a la situación a la que te estás enfrentando.

Ceremonia adivinatoria personal

Prepara y reúne:

- Una vela y cerillas.
- Un diario o un cuaderno.
- El método de adivinación que prefieras (opcional).

Para empezar, respira profundamente varias veces y céntrate en el presente. Despréndete de cualquier remordimiento por el pasado o de cualquier ansiedad por el futuro. Observa tu cuerpo y fíjate en cómo se siente: presta atención, sobre todo, a los pies plantados con firmeza en el suelo, tanto si estás sentado en una silla o de pie, ya que son las raíces que te conectan a la Madre Tierra.

Enciende la vela con una cerilla. El sonido de la cerilla al prender es como el de una campana para el mundo invisible, mientras que la vela encendida es la señal para el mundo visible y el invisible de que estás empezando la ceremonia. Imagina que la luz de la vela brilla como un faro para los espíritus beneficiosos y tu sabiduría interior, llamándolos a ambos para que se presenten donde te encuentras, en este momento y lugar.

Cuando hayas encendido la vela, pide que te guíen con esta sencilla oración:

Espíritus de la Tierra, os rindo homenaje.

Ayudadme a encontrar la mejor forma de actuar,

guiadme en el camino de la plenitud,

y ayudadme a ser siempre útil a los demás

y a la Madre Tierra.

No es necesario que lo hagas de un modo elaborado o sofisticado, simplemente estás pidiéndole a alguien que respetas (un dios o una diosa, el universo, los espíritus invisibles, el mundo viviente, tu parte más elevada) que te ayude. En cuanto te hayas abierto y hayas invitado a la sabiduría del mundo a ayudarte de este modo, pasa un tiempo en contemplación. Y luego vuelve a centrarte en la respiración y en el presente, y abandona cualquier deseo de «pensar» en tu situación. Estás despejando tu mente para que surja una respuesta.

Si sientes el deseo de usar un método adivinatorio, ahora es el momento de barajar las cartas, echar las piedras, contemplar el vaso de agua u observar la yema del huevo para ver qué te llega del mundo viviente con cualquier método que hayas elegido para comunicarte con él. Si prefieres el método directo, sigue en este estado meditativo y observa si surge en tu mente alguna señal o idea.

Si sientes haber recibido la respuesta, pasa un rato con ella. Puedes dejar fluir tu mente y escribir el mensaje recibido y cualquier pensamiento que tengas sobre él en un diario o en un cuaderno. Ten en cuenta que no es necesario entender aún el mensaje que recibes o saber cómo lo aplicarás, por el momento lo más importante es mantenerte abierto a la comunicación. Dobla el papel donde lo has escrito y guárdalo en tu bolsa medicinal o déjalo encima de tu altar personal. Puedes leer tus notas más adelante para buscar patrones y conexiones, o para que te den fuerza o perspectiva mientras te mueves por la situación.

Tal vez sientas que no has recibido una respuesta. Cuando les sucede a mis alumnos, les digo que esto significa «aún no». Es decir, la energía del nagual aún no está preparada para sugerirte lo que debes hacer en el presente. La buena noticia es que le has hecho la pregunta y que puedes tomarte la ausencia de respuesta como una invitación para confiar en que se te revelará más información en el momento oportuno. Aunque esto al principio te parezca frustrante, cuando te llegue la respuesta probablemente verás por qué has tenido que esperar.

Para concluir esta práctica, dale las gracias a tu sabiduría interior y a cualquier espíritu que hayas llamado por la guía ofrecida. Al igual que desearías darle un regalo a un amigo que ha pasado un rato contigo y te ha aconsejado, puedes hacerle si lo deseas una ofrenda de agradecimiento, como dejar un poco de harina de maíz al pie de un árbol especial o verter un vaso de agua en la tierra.

Métodos adivinatorios para profundizar más en un tema

Hay muchos métodos y medios adivinatorios. Los pocos que describo a continuación son simplemente para que tengas una idea de cómo puedes usar una diversidad de medios —tanto si se han creado para este fin, los tienes en casa, o los encuentras en la naturaleza—, con el propósito de buscar la sabiduría de un mundo más grande que el tuyo y aprovechar la profunda reserva de tu verdad intuitiva.

Bibliomancia

La bibliomancia es el medio de buscar respuestas en los libros. El método es muy directo: simplemente aquieta tu mente, concéntrate en el tema que quieres analizar, abre un libro al azar, y lee el primer pasaje en el que se posen tus ojos. Dependiendo de tus preferencias, puedes utilizar un libro de un determinado autor, o uno con el que te identifiques espiritualmente, como una escritura sagrada.

O también puedes usar un libro especial que te regaló un ser querido.

Cartas oraculares

En el mercado encontrarás distintos mazos de cartas oraculares de una amplia variedad de estilos artísticos. Se componen de imágenes de animales, de la naturaleza y de temas chamánicos. Aunque algunas cartas oraculares vayan acompañadas de las instrucciones de uso, la manera más común de utilizarlas es sacar una al azar y ver el mensaje que tiene para ti.

Péndulo

Cualquier persona puede utilizar un péndulo, sin necesidad de haber recibido un entrenamiento especial, para obtener un rápido «sí», «no» o «tal vez» como respuesta. Puedes comprarte un péndulo o hacer uno atando un objeto pequeño pesado al extremo de un cordel o una cadena de corta longitud. Antes de utilizarlo, límpialo o recárgalo el día anterior con la energía de la tierra y déjalo enterrado toda la noche. Cuando vayas a usarlo, siéntate ante una mesa, respira profundamente varias veces y pide guía y apoyo, como en la ceremonia básica que he descrito. Cada vez que vayas a usar el péndulo, empieza pidiéndole que te muestre un «sí». Mientras sostienes el cordel, el péndulo oscilará. Establece después lo que será un «no» y un «tal vez». Asegúrate de haber captado estos distintos movimientos del péndulo haciéndole preguntas cuya respuesta sea claramente «sí» o «no», como: «¿Tengo un perro?» «¿Mi cumpleaños es en agosto?». En cuanto reconozcas con claridad los movimientos del péndulo, sigue haciéndole otro tipo de preguntas. Advertencia: el péndulo no te funcionará cuando estés alterado emocional o físicamente.

El I Ching, las runas y el ogam

Estos métodos de adivinación son parecidos, ya que consisten en echar tallos de milenrama o piedras grabadas con letras en una superficie. Todos tienen que ver con unos determinados patrones que hay que saber interpretar. En el I Ching se utilizan las interpretaciones de los hexagramas de *El Libro de las Mutaciones*. Los hexagramas se obtienen al echar tallos de milenrama e interpretar las formas en las que quedan sobre la superficie. En las runas o el ogam, una forma temprana de escritura céltica, se utilizan las runas grabadas por separado en piedras pulidas. El método consiste en echar las piedras grabadas con las runas sobre un dibujo trazado en el suelo o impreso en una tela especial. También se pueden meter en una bolsa y sacar al azar una determinada cantidad. Cada letra representa una serie de significados y quien hace la pregunta los va hilvanando para descubrir en su interior la respuesta.

8

SONIDOS CEREMONIALES

Concéntrate unos minutos en los sonidos de tu alrededor. ¿Qué es lo que oyes?

Quizá sea el murmullo de un ventilador que gira en el techo, el zumbido de la electricidad o el viento que sopla contra las paredes de tu hogar. Quizá oigas sonidos de animales, como los ligeros ronquidos de una mascota o el arrullo de las palomas matutinas posadas en los robles, o voces humanas que gritan. Escucha estos sonidos como si fueran tu música preferida. Saboréalos. Escucha los sonidos que se van apagando: el zumbido de los aviones en el cielo, el murmullo del tráfico, la emisora de una radio lejana.

Aunque, por supuesto, también puedes oír música, uno de los regalos humanos más valiosos.

Quizá ya sepas lo importante que es la música en mi práctica espiritual. Me encanta escuchar música grabada y conciertos en vivo, y también me apasiona tocar la guitarra. Según mi experiencia, la música te abre el corazón y te sosiega la mente, incluso cuando todo lo demás no consigue hacerlo, sobre todo en momentos de dolor o de tristeza. La música expresa lo que es demasiado inmenso como para articularlo con palabras. Cada momento que escuches música es una invitación para volver al presente, que es el umbral al infinito.

Los músicos saben que componer también es una poderosa experiencia espiritual. Para componer una melodía o escribir la letra de una canción o un cántico tenemos que conectar con la sabiduría interior y la creatividad. No olvides que todos somos creativos: para componer una buena música no es necesario que tenga un éxito rotundo, la estás creando para ti. Si abres tu corazón y sigues el ritmo de su música, te saldrán solas las palabras de una canción. La creatividad es el acto de beber agua del infinito, una forma de comunicarnos con lo divino.

La historia sobre el poder de la música de Carlos Santana, galardonado con diez premios Grammy, es una de mis preferidas. En 2007, explicó en una entrevista que su pasión por la música le viene sobre todo de su padre, que tenía una capacidad asombrosa para tocar el violín y comunicarse con los pájaros de los árboles mientras lo hacía. «Me enseñó a conversar con los pájaros con el violín», contó una vez Santana. «Deslizaba el arco sobre las cuerdas del violín de una manera especial y entonces los pájaros se acercaban, se quedaban mirando a mi padre, moviendo la cabeza de un lado a otro, y le respondían gorjeando».

Esta clase de historias hacen que mi corazón cante de alegría. Desde tiempos inmemoriales la música ha estado presente en nuestra vida. Al explorar la espiritualidad milenaria descubrimos el elemento de los sonidos sagrados. Por ejemplo, en las escrituras sagradas védicas de la India, los textos religiosos más antiguos que existen, aparece la famosa descripción de la sílaba «Om», el sonido sagrado que simboliza el poder creativo del universo. En 2010, los astrónomos de la Universidad de Sheffield lograron grabar las vibraciones de los bucles coronales del sol, los luminosos arcos de la superficie solar. Muchas personas que escucharon estas vibraciones en un vídeo interpretaron esos sonidos como el «Om» universal. Lo importante no es si el sol emite o no el sonido «Om», lo esencial es que este sonido, en forma de vibración, está por todas partes y cuando la mente creativa de un ser humano lo interpreta, lo que produce es riqueza espiritual y un poderoso significado.

Mi abuela decía: «¡Emitamos un sonido!». Su padre era músico y chamán, y le enseñó que en el momento en que emitimos un sonido, nos oyen. Asimismo, le recordaba que lo contrario también es cierto: si nunca emitimos ningún sonido, ¿cómo nos van a oír? Aunque el sonido sea pequeño, como el de una gota de agua que repiquetea en un lago, desde este punto diminuto la vibración se expande en todas direcciones. Si nunca emitimos ese primer sonido, no veremos las ondas de nuestra expresión expandiéndose por el mundo. Cuando la gente me cuenta que le cuesta decir lo que piensa, siempre les recuerdo que incluso el más pequeño de los sonidos puede producir un gran efecto.

Los sonidos sagrados, ya sean en forma de música, de cánticos o de los enriquecedores tonos del mundo natural, también promueven y producen la sanación. Los investigadores han estudiado los innumerables beneficios que tienen para la salud el tarareo y el canto. Veamos algunas formas en las que puedes añadir este milenario y poderoso medio a tu bolsa medicinal.

Canciones, cánticos y mantras

La voz humana tiene un abanico vocal extraordinario, puede pasar en una fracción de segundo de un susurro a un grito, y también sisear, cantar, gemir o gruñir, es decir, emitir todos los sonidos de entremedio. Hablando o sin hablar, la voz humana es capaz de atraer o hacer huir a los seres que la oyen. Una sola voz puede inspirar a una muchedumbre o calmar a un bebé con una arrulladora nana.

Dado su poder extraordinario, no es de extrañar que la voz humana haya formado parte esencial de las ceremonias espirituales y los rituales religiosos desde los albores de la humanidad. Este medio ceremonial siempre está a tu alcance. Las canciones y los cánticos llenan tus ceremonias con una rica resonancia de innumerables texturas. Cuando produces sonidos con la voz en un ritual, estás amplificando tu propósito y además se lo expresas al universo en el nivel vibracional.

Puede que cuando eras pequeño, algún adulto te reprendiera por alzar la voz o te dijera que no cantaras, y en un momento de tu vida te lo creíste y dejaste de cantar o de canturrear. Quizá ahora te cuentes un relato sobre tu propia voz, como: «No sé cantar», «No debo cantar» o «No debo alzar la voz para no molestar a los demás». Ha llegado la hora de reconocer esta clase de antiguas ideas limitadoras y de abandonarlas. Todos poseemos la belleza y la fuerza de la voz humana. Tú tienes una voz, y esta voz es poderosa.

Puedes empezar a usar tu voz de una forma ceremonial al cantar. Las canciones, los cánticos o las recitaciones no solo están presentes en la tradición tolteca, sino en muchas otras tradiciones. Los monjes benedictinos cantan. Los cantores judíos interpretan cánticos sagrados en hebreo en las sinagogas, mientras que los musulmanes recitan los noventa y nueve nombres de Alá. Hay canciones sagradas amerindias, cánticos neopaganos, cánticos meditativos budistas y muchos otros más.

Una amiga mía ha estado recopilando a lo largo de los años una colección de canciones y cánticos pertenecientes a una gran variedad de tradiciones: algunas de las canciones han figurado en la «lista» de grandes éxitos musicales durante mucho tiempo y otras temporalmente. Mi amiga interpreta esta colección personal de cantos sagrados sobre todo ante el altar de su hogar, pero también lo ha hecho públicamente. Los ha cantado en la cuneta de la carretera en viajes largos a modo de agradecimiento por no haber tenido ningún accidente, y también a los árboles de las alamedas para agradecerles su belleza, e incluso sentada en el sofá en momentos difíciles de su vida. Nuestra voz siempre nos acompaña, dondequiera que nos encontremos en nuestro viaje espiritual.

En la tradición tolteca los cánticos se consideran un tipo de meditación, una manera de entrar en un estado que silencia el parloteo de la mente y nos devuelve al presente. Las palabras son importantes solo si nos conducen a ese estado de profunda inmersión y conexión.

Cantos rituales

En primer lugar, elige si lo deseas un mantra o un cántico con el que vibres. Por más poderoso que te parezca un cántico (o por muy transformador que te hayan dicho que es), si no te emociona te parecerá más una obligación que una celebración. Una buena idea es empezar con un sencillo, aunque poderoso «Om». Además de recitar esta sílaba sagrada, procura cantar las siguientes palabras si te atraen:

Soy el artista de mi vida.

Soy el amor de mi vida.

El corazón palpitante de la Madre Tierra es mi corazón.

Es el momento perfecto, la ocasión perfecta.

Y estoy soñando un sueño perfecto.

En cuanto hayas elegido un cántico, busca un lugar cómodo donde puedas cantarlo en voz alta sin sentirte incómodo o preocupado por si molestas a los demás. Enciende tu incienso favorito, si lo usas, y aspira una profunda y relajante bocanada de aire. Muchos rituales empiezan con la respiración, y nunca está de más recordar que en el canto el aire es primordial. La respiración es el vehículo para la voz humana, por lo que te animo a servirte de cualquier técnica respiratoria que te funcione.

Mientras inhalas profundamente, siente cómo se expande tu abdomen. Observa cómo se relaja todo tu ser al alimentarse con el revitalizante oxígeno que te carga de energía. Mientras exhalas, imagina que expulsas toda la tensión, miedo, nerviosismo y ansiedad que sientes. Si lo deseas, emite el sonido «ah» al exhalar para eliminar la tensión y despejar la mente.

Tal vez necesites respirar profundamente varias veces para aquietar la mente. No te apresures. Cuanto más cómodo te sientas con tu respiración sagrada, más poderoso será tu cántico.

Cuando estés preparado, empieza tu cántico tras inhalar una vez más una profunda y purificadora bocanada de aire. Al exhalar, deja que tu cántico viaje en la ola del aire que expulsas y se propague por el mundo. No te preocupes por las notas musicales o la melodía, deja que el tono surja de manera natural. Respira acompasadamente; si notas que te quedas sin aliento o que estás respirando demasiado deprisa, significa que te conviene hacerlo más despacio. No hay nada que alcanzar, nadie te está juzgando, ni tampoco estás participando en una competición del Mejor Cantante de Cánticos Sagrados. Solo estáis tú, tu asombrosa voz y el gran mundo viviente que te escucha cautivado. Cantar es una forma de dejar a un lado la mente pensante y vivir el presente.

Sigue cantando la frase que has elegido todo el tiempo que te apetezca. Si solo te apetece cantar un poco, no pasa nada. La cualidad de tu experiencia es más importante que la cantidad de veces que repitas el mantra, o los minutos que le hayas dedicado, aunque a veces descubrirás que has estado recitándolo más tiempo del que creías porque el tiempo se te ha pasado volando.

A medida que te vayas sintiendo más cómodo con esta clase de cántico, puedes cantar otros más largos que te gusten. No temas experimentar o probar cantos nuevos para ver si te hacen vibrar.

Compón tus cánticos

Componer tus propios cánticos es una forma poderosa de conectar con tu sabiduría interior. Para escribir cánticos profundos no es necesario ser un poeta o un compositor y, a no ser que desees lo contrario, tú serás el único que los oirá.

Para componerlos crea un espacio sagrado y resérvate un momento especial. Tal vez desees componer tus cánticos ante tu altar o buscar un lugar cómodo en medio de la naturaleza para hacerlo. También puedes quemar incienso y dejar que su aroma te lleve al presente.

Medita un rato para decidir sobre qué tema tratará. Quizá desees centrarte en un sentimiento que te gustaría tener, en un atributo que quieres cultivar o en una relación que te gustaría dejar. También puedes componer un cántico de agradecimiento o uno que potencie cualquier otro medio de tu bolsa medicinal.

Cuando sepas el propósito del cántico que vas a componer, haz una lista con palabras e imágenes relacionadas con él. Ten en cuenta tus cinco sentidos: ¿qué aromas, sonidos, sabores, imágenes y experiencias táctiles te vienen a la mente? No te apresures, ni tampoco pienses demasiado en la lista, déjate llevar por tu intuición. Por ejemplo, pongamos que quieres componer un cántico para ser más libre en tu vida. Tu lista de palabras y asociaciones podría parecerse a esta:

Libertad

- Volar sobre las montañas.
- Pájaros.
- Viajes.

- Elevarse.
- Bailar.
- Avanzar.
- Romper cadenas.
- Dejar un lugar oscuro y salir a la luz.
- La libertad es como el sabor de fresas refrescantes en verano.
- La libertad es como el aroma del desierto después de las lluvias.
- La libertad es como caminar descalzo sobre la hierba.
- La libertad es como las risas de tus amigos reunidos.

Consulta la lista y crea varias frases cortas con alguna de estas imágenes. Si tu cántico es para que algo cobre vida, puedes incluir «Soy» en él para indicarle al universo que estás listo para recibir estos regalos. Siguiendo el ejemplo anterior, la letra del cántico podría ser la siguiente:

Soy un pájaro que vuela a gran altura sobre las montañas.

Estoy rompiendo las cadenas que me atan.

Estoy bailando hacia una nueva vida.

También puedes combinar algunas de tus frases «sensoriales» en un sencillo cántico de cuatro partes.

Por ejemplo:

Frutas estivales,

lluvia del desierto,

césped recién cortado,

antiguos amigos que ríen.

¡Soy libre!

Como ves, no es necesario que tu cántico rime ni siga ningún tipo de métrica especial, aunque si te gusta el reto de escribir frases que rimen y tengan una métrica, hazlo. Además, como he indicado en el ejercicio anterior acerca de componer un cántico, no es necesario crear una melodía para él, pero si te apetece hacerlo, puedes grabar tus cánticos para poder escucharlos más adelante.

Juega si lo deseas con las palabras, los sonidos y las imágenes hasta que te satisfaga el cántico que compongas.

El ritmo de la tierra: Los tambores, las sonajas y el baile

Aparte de tu voz, hay miles de instrumentos musicales que puedes tocar para acompañar tu cántico con música. Uno de mis preferidos es la guitarra, pero los más populares en la mayoría de las tradiciones chamánicas son los tambores y las sonajas.

Los tambores y las sonajas son unos instrumentos primitivos que te conectan con el ritmo sagrado del cuerpo y los latidos de la Madre Tierra. En la tradición tolteca decimos que el mundo palpita, al igual que tú, y cuando escuchas el ritmo de tu corazón, estás escuchando el ritmo de la vida entera. Por eso los tambores activan la mente, la armonizan con el corazón y te llevan a un estado más allá del de la mente creadora de relatos.

Los tambores y las sonajas aquietan la mente aunque activen el cuerpo. Mientras la mente se calma y el cuerpo siente la música, es natural que este empiece a moverse.

Los círculos de bailes y tambores chamánicos son muy conocidos y, en muchas tradiciones, la espiritualidad está conectada con el baile. Por ejemplo, los seguidores de Rumi, el poeta y místico musulmán sufí, se hicieron tan famosos por sus bailes que al poco tiempo se les conocía como los derviches giradores. En realidad, las danzas sagradas, como la música y los cánticos, aparecen prácticamente en todas las culturas y nos ofrecen una rica y fascinante variedad de vestuario y una gran diversidad de movimientos, desde danzas con una compleja coreografía hasta gestos salvajes y extáticos.

Al igual que ocurre con los cánticos, para realizar movimientos sagrados no es necesario un aprendizaje especial. Si deseas experimentar el poder de los tambores y el baile, hazte miembro de un grupo que se dedique a esta actividad. Y si no encuentras ninguno cerca, también puedes crearlo. Es algo que sin duda puedes hacer.

En el mercado encontrarás una amplia variedad de tambores y sonajas. Algunos están hechos con pasión de manera artesanal a partir de piel natural de animales, y otros se han producido comercialmente con piel sintética. Elige el tambor o la sonaja que prefieras, como has hecho con los objetos de poder y los objetos de tu altar. En las ceremonias de los viajes chamánicos el tambor más común es el de marco. El diámetro de su parche es más grande que su profundidad, y se sostiene con una mano y se toca con la otra. El yembé, el instrumento africano de percusión más habitual en los círculos de tambores, también es muy popular. Se toca con las dos manos, sentado o de pie, sujetándolo entre las rodillas. Este tipo de tambor no se toca con palillos ni baquetas, sino con las manos. Puedes pintar o decorar tu tambor para personalizarlo y aumentar el vínculo que tienes con él, del mismo modo que has embellecido los objetos sagrados de tu altar o de tu bolsa medicinal.

Como en el caso de los tambores, hay sonajas de muchas formas y tamaños, hechas de diferentes materiales y decoradas de muchas maneras distintas, según la tradición a la que pertenezcan. Elige una con un sonido que te atraiga.

Viaje interior con un tambor

Puedes hacer con el tambor este viaje interior tan sencillo para conocerte mejor y explorar los viajes chamánicos. Ten en cuenta que este tipo de viajes sagrados se hacen con la imaginación al entrar en un profundo estado meditativo. Además, aumentan la capacidad de tu mente intuitiva de tener percepciones interiores, responder a preguntas o cultivar la transformación, o de todo ello a la vez. Aunque en este ejercicio solo mencione el tambor para no recargar el texto, también puedes hacer este viaje interior con una sonaja o con cualquier otro instrumento que te permita marcar un ritmo.

Busca un lugar cómodo donde nadie te interrumpa. Puedes hacer este viaje interior sentado o de pie, pero tienes que estar cómodo y disponer del espacio suficiente para tocar tu instrumento. También te puedes tender si otra persona dirige tu viaje interior, pero si eres tú quien toca el tambor, te costará hacerlo en esta postura. Si el espacio que has elegido es adecuado para ello, también puedes quemar un poco de incienso sagrado para limpiar el lugar. Como harás este viaje interior tocando el tambor y quizá no seas consciente de lo que ocurre a tu alrededor, es mejor no encender velas, a no ser que no supongan ningún peligro.

Respira profundamente varias veces para despejar la mente y céntrate en el presente. Despréndete de cualquier remordimiento por el pasado o de cualquier ansiedad por el futuro. En este momento solo estáis tú, tu tambor y el mundo viviente. Si tienes espíritus guía o fuerzas a las que rezar, invítalos a unirse a ti en esta experiencia, y deja que su sabiduría y su amor fluyan a través de ti y del tambor.

Cierra los ojos y toca el tambor al ritmo que te apetezca. Deja que el sonido que produces salga de ti, de más allá de tu mente creadora de relatos. Imagina mientras lo tocas que estás llamando al corazón palpitante del planeta y que este te responde.

Después de haberlo estado tocando acompasadamente varios minutos, deja que el tambor te lleve adonde quiera. Quizá te pongas a tocarlo con mayor rapidez o lentitud, o con una determinada cadencia. Quizá tu cuerpo empiece a moverse, ya que los tambores nos hacen bailar, y te descubras moviéndote o balanceándote al ritmo de la música. En este viaje interior no es necesario que estés inmóvil.

Mientras sigues tocando el tambor, imagina un bosque inmenso. Observa los árboles y advierte de qué tipo son: tu bosque será distinto del de cualquier otra persona. ¿Estás rodeado de abetos? ¿De secuoyas? ¿O quizá de cactus saguaro? ¿Es de día en el bosque? Si es así, observa la luz que se filtra por la vegetación y baila sobre todo lo que ves. Si es de noche, saluda a las estrellas. Ahora te encuentras en un sendero que se adentra serpenteando en las profundidades del bosque; de momento, no ves dónde acaba. Empieza a recorrerlo, sabiendo que estás seguro en este lugar y que eres bienvenido. Quizá venga a verte un animal o un espíritu guía. Si observas algo inusual o interesante, toma nota mentalmente para el futuro, pero no dejes que la escena te distraiga demasiado; siempre puedes volver a este lugar más adelante.

Cuando hayas recorrido el sendero durante el tiempo adecuado (la duración depende de ti), verás a tu derecha un árbol enorme con una puerta del tamaño perfecto para ti. Cuando estés preparado, ábrela y crúzala. Debes saber que estás entrando en tu espacio sagrado: el templo de tu mundo interior. En cuanto estés en este espacio, mira a tu alrededor y observa dónde te encuentras. ¿Sigues al aire libre? Tal vez te descubras en una cueva (un símbolo antiguo que representa el canal uterino de la Madre Tierra) o en la cima de una imponente colina iluminada por la luz de la luna. O a lo mejor te descubres en el interior de un templo como los del antiguo Egipto. Las posibilidades son infinitas, pero estés donde estés, sabes que este lugar es tu espacio sagrado y que refleja de manera encantadora tu reino interior.

Pasa un tiempo observando cómo te sientes en este lugar: sé consciente de cualquier sensación física o cualquier respuesta emocional que surja en ti. Anota mentalmente estas sensaciones para analizarlas con mayor profundidad más adelante. Por ahora, pasa simplemente un rato en este nuevo espacio sagrado de tu interior.

Cuando sientas que estás listo para regresar a la vida cotidiana, cambia el ritmo del tambor. Este ritmo de «regreso» le indica a tu espíritu que regrese al presente en este mundo. Vuelve sobre tus pasos, cruza la puerta del árbol y mientras regresas por el sendero, sé de nuevo consciente de tu cuerpo en el presente. Deja poco a poco de tocar el tambor, respira profundamente varias veces, de manera acompasada, y abre los ojos.

Te aconsejo que pases un rato escribiendo en tu diario tu experiencia. Te ayudará a integrar lo que has visto y aprendido, y también a recordar lo que has contemplado y sentido en este viaje interior.

9

MEDIOS ENERGÉTICOS PARA LIMPIAR EL ESPACIO FÍSICO

En una ocasión, una querida amiga mía fue a ver una casa que estaba a la venta. Se había llevado a sus hijos con ella y, en cuanto cruzó la puerta de la entrada, la embargó una tristeza abrumadora. Queriendo instintivamente proteger a sus hijos, los agarró de la mano y se fueron a toda prisa, sin comprender por qué lo hacía. Ni siquiera quiso ver las otras preciosas habitaciones que aparecían en la página web de la inmobiliaria. Abandonaron la casa a toda prisa y, al llegar al jardín, ella se detuvo y rompió a llorar. No tenía idea de por qué había reaccionado así. No conservaba ningún recuerdo personal relacionado con la casa, ni nunca antes había estado en aquel lugar, pero la energía del ambiente la abrumó por completo. Había sentido de forma instintiva algo que su mente pensante no podía captar. Evidentemente, se fueron por una puerta lateral y no volvieron a visitar la casa nunca más.

¿Has sentido alguna vez una fuerte emoción al entrar en una habitación por primera vez sin saber por qué? No tiene por qué ser una sensación negativa. Algunos lugares nos producen una sonrisa y una sensación de positividad, o nos descubrimos diciendo espontáneamente: «Vaya, me encanta este sitio». Quizá sea un espacio de culto, un hogar, un lugar de trabajo, un jardín o un museo público. Estos espacios nos animan a disfrutar del lugar, rebosan de paz y alegría, y fomentan la conexión y la positividad. Aunque, en ocasiones, un lugar histórico más antiguo puede tener un ambiente «opresivo» debido a su difícil historia y, en cambio, otro de la misma época puede producir una sensación de esperanza. Cuando vives esta clase de experiencias —sean positivas o negativas—, significa que estás captando la energía del lugar y reaccionando a ella. Que yo sepa, no existe una explicación para este tipo de fenómenos, pero a todos nos ha ocurrido alguna vez de una forma u otra.

Aunque todos prefiramos entrar en una habitación que irradie alegría, comodidad y amor, tal vez conozcas la sensación que produce un espacio con una energía estancada y negativa. En el sentido más profundo, esta negatividad no es real, ya que la energía del nagual que existe en todo siempre es renovadora y positiva. Pero al igual que las emociones alegres dejan un ambiente luminoso cargado de paz, las convicciones negativas y las acciones del pasado de otras personas (o las tuyas) pueden dejar el espacio impregnado de una determinada energía vibratoria: esas energías residuales le influyen a nuestro cuerpo emocional de una forma muy real.

Estas intensas reacciones que nos producen algunos lugares son sin embargo bastante inusuales. Con frecuencia, nos cuesta captar la energía emocional residual de un lugar porque nos hemos insensibilizado ante ella. Nos puede ocurrir sobre todo con el paso del tiempo en espacios conocidos, como el hogar o la oficina. Del mismo modo que establecemos acuerdos con nosotros mismos sin darnos cuenta, también podemos dejar de captar la energía del espacio donde vivimos y de los objetos con los que lo llenamos. Nuestro hogar y nuestro lugar de trabajo pueden ser un puro reflejo de nuestro propósito de actuar con una libertad absoluta y con amor, pero si perdemos el contacto con el potencial sagrado de nuestro espacio, la apatía se instala en él o los objetos empiezan a abarrotar nuestro espacio y a interponerse en esta libertad.

La buena noticia es que puedes crear una energía serena, alegre e inspiradora en cualquier lugar donde vivas o trabajes. Una forma de hacerlo es realizar una serie de ceremonias y rituales purificadores que llevan al espacio físico de tu alrededor tu intención de que reine el amor y la paz.

Seas o no consciente de ello, limpiar así el espacio físico de tu alrededor es como abrir un canal sin interferencias para conectar con la tierra, con la madre divina que es nuestro hogar. Las estructuras que creamos y los elementos de diseño que empleamos para expresarnos en nuestros espacios pueden reflejar y fortalecer nuestra conexión con la energía del nagual presente en todo. Por esta razón, te describo a continuación una poderosa práctica para sanar nuestro cuerpo físico y llenar de energía positiva los espacios donde vivimos.

Oración solar con las palmas cara a cara

Esta oración corporal se realiza con todo el cuerpo. Este tipo de plegarias nos ayudan a ir más allá de las conversaciones verbales o mentales con lo divino que asociamos a la palabra *oración.* Si bien las plegarias verbales o mentales son formas válidas de oración, en mi tradición se reconocen otras maneras distintas de orar y todas tienen sus propios beneficios. Por ejemplo, al experimentar una clase de oración más física, conectamos con la energía y el poder del cuerpo.

Puedes hacer este ritual de bendición al mudarte a una nueva casa o abandonar tu hogar, o al cambiar tu espacio de trabajo. Te servirá para limpiar cualquier tipo de energía procedente de traumas antiguos relacionados con el lugar. También puedes usarlo para bendecir, crear o dedicar un espacio a un propósito determinado, como prepararlo para un acontecimiento importante, un proyecto nuevo o un negocio que planeas montar.

Para empezar, frótate las palmas de las manos vigorosamente, friccionándolas como si te las calentaras en invierno al llegar a casa tras haber estado en el frío ambiente del exterior. Mientras te las frotas, respira profundamente ocho veces. Notarás que las palmas se calientan al cabo de poco.

Ponte ahora de cuclillas (o de rodillas, si lo prefieres) y apoya las palmas de las manos en el suelo o en cualquier otro lugar que quieras llenar de energía positiva. Cierra los ojos, respira profundamente unos momentos y siente tu conexión con la tierra. Imagina que tu cuerpo forma parte de la Madre Tierra. Imagina a continuación que le envías a través de tus manos un mensaje a la Madre Tierra: este mensaje es puramente emocional y puede incluir sentimientos de amor, paz, agradecimiento, sanación y esperanza.

Sigue respirando profundamente y enviando tus mensajes de amor y gratitud a la tierra, y mientras tanto siente las vibraciones de la energía de la tierra fluyendo por tus manos. Tú le envías amor a la tierra que te sostiene y la Madre Tierra te responde con su compasivo amor. Recuerda que mientras caminas, o estás sentado o tendido, la tierra siempre te está sosteniendo. Nunca ha habido un momento de tu vida en el que la tierra no te haya sostenido. Es una de las razones por las que al planeta se le llama la madre divina, ya que te ama y te apoya cada día de tu vida.

Ahora que la tierra y tu cuerpo están conectados, haz que tu mente también participe en la práctica. Con las palmas de las manos en contacto con la tierra, di en voz alta esta sencilla oración:

Gracias por sostenerme siempre.

A partir de este momento estaré a tu servicio.

Estar a tu servicio es estar al servicio de mí mismo,

y cuando estoy a mi servicio, estoy al servicio de los demás.

Respira profundamente varias veces más mientras envías y recibes esta bendición. Cuando estés preparado, despega las manos del suelo y llévalas frente a ti, manteniendo un dedo de distancia entre las palmas colocadas cara a cara. En esta posición, traza con las manos movimientos circulares como si hicieras rodar una pelota entre ellas. Mientras lo haces, es muy posible que sientas una energía, o vibración, entre las manos. Mira ahora por el espacio que queda entre las palmas: aunque aparentemente no haya nada, sentirás la energía entre ellas. Es la energía de la Madre Tierra.

Forma a continuación un cuenco con las palmas de las manos, como si recogieras agua, e imagina que sostienes una bola de energía. En realidad así es. Es la energía de la Madre Tierra, del nagual que habita en el interior de todos. Imagina todas las estrellas y los planetas que giran en el interior de esta bola que sostienes con las manos. La energía de las estrellas más lejanas es la misma que hay en ti en este momento, porque todo está conectado.

Extiende los brazos, gira las palmas hacia arriba, mirando el cielo, y envía esta increíble energía de la Madre Tierra al espacio de tu alrededor. La energía que has sentido cuando mantenías las palmas a un dedo de distancia todavía está ahí, y con las manos la puedes empujar suavemente y hacer que se mueva por el aire: hacia los rincones de las habitaciones, a través de los armarios y por el suelo de madera. O, si estás al aire libre, hacia los árboles y la hierba. Tu oración se ha convertido en una ceremonia que concede las bendiciones de la deidad a todo cuanto contemplas. Estás creando un ambiente de amor y paz en este espacio físico, sabiendo que eres un mensajero de lo divino, al servicio de la Madre Tierra.

Ceremonia purificadora con sal

En algunos casos, quizá desees limpiar la energía de tu espacio más a fondo. Esta ceremonia, como la oración de las palmas cara a cara, abre la conexión con nuestra divina madre y trae su presencia a nuestro espacio. Por supuesto, su energía siempre está ahí, pues no hay nada en la Tierra que no esté imbuido de su presencia. Esta ceremonia, sin embargo, nos hace ser más conscientes de esta energía, aumentada por nuestro propósito de estar al servicio de la Madre Tierra, de nuestro hogar y de nuestros espacios personales. Lo mejor es hacer esta ceremonia por la tarde o la noche, de modo que la luz de la vela sea la fuente de luz más brillante en la habitación.

Prepara y reúne:

- Tu incienso favorito (opcional).
- Varias cucharaditas de sal en un cuenco pequeño ceremonial de cerámica, cristal o de otro material resistente al calor (descarta los de plástico o madera).
- Agua.
- Una vela votiva blanca.
- Tambores, sonajas, campanas o cuencos tibetanos (opcional).

La sal se usa desde hace siglos para limpiar el ambiente. En esta ceremonia aprovecharás el poder de esta maravilla natural para limpiar a fondo la energía de cualquier habitación. Mientras te preparas para esta ceremonia, enciende un poco de incienso si lo deseas para centrarte en tu propósito y enriquecer además el espacio.

Vierte un poco de agua en el cuenco con sal —justo la suficiente para formar una pasta espesa— y extiéndela por el interior hasta cubrir toda la superficie. A continuación, pon una vela blanca dentro del cuenco y enciéndela mientras recitas una oración para que la divina madre bendiga este espacio. El cuenco con sal se convierte en un conducto para cualquier energía negativa y la devuelve a la tierra, donde se transforma y recicla, como ocurre con todo.

Puedes aumentar esta limpieza energética incluyendo además vibraciones sónicas purificadoras, como el ritmo estable de un tambor, el sonido de cuencos tibetanos o de otras clases de campanas, o incluso haciendo vibrar una cuerda de una guitarra o de un violín. Estas vibraciones abren un conducto para que la energía negativa se vaya y quede en su lugar un ambiente puro y cristalino.

Despeja el espacio

Otra forma de cambiar la energía de un lugar es desprenderte de objetos que ya no te sirvan. Del mismo modo que nos desprendemos de lo que ya no nos sirve de nuestra bolsa medicinal interior (autocríticas, adicción al sufrimiento), podemos también desprendernos de objetos de nuestro espacio físico. Es fácil insensibilizarnos a las cosas de nuestro alrededor, tanto si son un montón de papeles, objetos de relaciones pasadas o regalos que no queremos conservar pero nos sentiríamos culpables si se los diéramos a alguien. La mente tiende a creer que somos lo que tenemos, y aunque esto no sea así para nada, cualquier sentimiento escondido de negatividad que hayas asociado a tus «cosas», aunque no lo adviertas, te enturbiará la energía y le quitará fuerza a tu propósito.

No olvides que las cosas solo tienen el poder que les das por medio de tus acuerdos. Es decir, nada es «valioso» en sí mismo, ni siquiera «necesario». Uno de los ejemplos más fáciles y evidentes es el dinero. Imagina que alguien te entrega un fajo de billetes de cien dólares. La mayoría de las personas experimentarían al recibirlo una serie de sentimientos, como quizá excitación, agradecimiento o alivio. Sin embargo, ese fajo de billetes no es más que un montón de papel impreso con tintas especiales. Solo le damos un valor al dinero cuando, como cultura, acordamos hacerlo; de lo contrario, no es más que materia vegetal procesada y productos químicos.

La adquisición de objetos se ha vuelto tan importante en nuestro mundo moderno que aquello que poseemos y la cantidad de la que gozamos transmiten una poderosa sensación de identidad y estatus. Nos confundimos, creemos que somos lo que tenemos, pero es una ilusión. Por ejemplo, he visto a personas disgustarse terriblemente en unas vacaciones al perder las maletas en una escala. Les puede llegar a arruinar la experiencia y crear unos dramas descomunales. Me pregunto si son ellos los que se van de vacaciones o si son sus maletas las que lo hacen. Aparte de algunos objetos básicos, apenas necesitamos nada más.

Así que te invito a ser consciente de lo que tienes y a advertir el espacio que eliges y lo que pones en él, ya que es el reconocimiento exterior de que eres el artista de tu vida. Tu espacio y los objetos con los que eliges ocuparlo se suman a los colores con los que pintas la obra maestra de tu vida, pero en el fondo necesitas muy pocas cosas. A continuación encontrarás una práctica sencilla para ayudarte a volver a conectar con la verdadera alegría de tu espacio y de lo que tienes en él.

Despréndete de los objetos físicos

Reúne un montón de objetos similares de los que quieras deshacerte (por ejemplo, libros, ropa, utensilios de cocina). Respira profundamente varias veces y céntrate en el presente. Cuando estés preparado, coge un objeto cada vez y escucha la voz de tu interior. ¿Te dice «sí» o «no»? Conserva solo los objetos que te susciten un «sí» feliz o satisfecho. Escucha tu intuición y procura no tomar la decisión basándote en si los «necesitas», o en si crees que deberían gustarte o deberías conservarlos. Escucha solo el sí o el no. Cuando sea un no, decide rápidamente si tirarás el objeto a la basura, o si lo puedes regalar o donar. Aunque este ejercicio te cueste al principio, con el tiempo te resultará más fácil. Confía en tus corazonadas y despréndete de los objetos que elijas.

10

VIAJES DE PODER

Imagina por un momento que estás soñando. En este sueño te descubres caminando por la calle de un pueblo fantasma. Contemplas el paisaje extraño de tu alrededor y te sientes perdido, no tienes idea de cómo has llegado a este lugar. Pero de pronto algo te llama la atención. En un edificio ves el descolorido cartel de un negocio y te das cuenta de que es el mismo que el de la compañía para la que trabajas. Empiezas a reconocer algunos elementos que te resultan familiares: un coche desvencijado te trae algunos recuerdos, al igual que el olor del polvo arremolinado a tu alrededor.

De pronto, te das cuenta de que este pueblo fantasma simboliza un aspecto de tu vida —tu trabajo, una relación o alguna otra situación— y que, como la ciudad fantasma en la que te descubres inexplicablemente, los logros o las situaciones de la vida que te dijeron que te harían feliz o una persona «exitosa» te parecen ahora callejones sin salida. Estás totalmente seguro de que algo debe cambiar en tu vida y sabes intuitivamente que no perteneces a este lugar, pero ignoras qué camino tomar para dejar atrás este sitio polvoriento y vacío, y encontrar un nuevo lugar lleno de vida al que llamar hogar.

Mientras sigues avanzando en busca de señales que te lleven fuera de la ciudad fantasma, te quedas impactado por una serie de imágenes: ríos imponentes que discurren a lo largo de hermosas orillas, montañas que despuntan entre una masa de densas nubes, un océano inmenso que nunca se acaba, ruinas sagradas de piedra. Algo te está diciendo que no puedes seguir viviendo en este lugar y, de pronto, te das cuenta de que tampoco puedes seguir en la situación que este lugar representa. Comprendes que es hora de despertar y de cambiar tu Sueño Personal.

Si te sientes identificado con esta historia, significa que ya has experimentado este tipo de poderosas invitaciones en algún momento de tu vida. ¿Qué acciones puedes emprender para verlo todo con más claridad y participar de manera consciente en tu Sueño Personal? ¿Cómo puedes avanzar hacia un paisaje más vivo y dinámico? Una forma es embarcarte en un viaje de poder para buscar las respuestas a tus preguntas y aprender, de paso, nuevas lecciones, mientras intentas hacer unos cambios duraderos en tu Sueño Personal y llevar la vida de un verdadero artista espiritual.

Un viaje de poder nos recuerda que cuando decidimos con el corazón y la mente hacer un cambio y llevamos a cabo las acciones para ello, podemos transformar la historia de nuestra vida. Hay muchas clases de viajes de poder: pueden consistir en un largo peregrinaje a un templo famoso, o en un viaje más corto a un lugar espiritual desconocido, aunque igual de importante. O en meditar mientras caminas, por ejemplo recorriendo un laberinto. Estos viajes pueden incluso ser internos al hacerse por medio de la meditación, la visualización o de activas técnicas imaginativas. La finalidad de cualquier viaje de poder es fijarnos en el aspecto en el que estamos teniendo problemas y verlo con claridad para viajar de un estado del ser a otro, y abandonar los antiguos acuerdos que ya no nos sirven.

Un viaje de poder no consiste en unas vacaciones, ni siquiera en un retiro espiritual. Aunque las vacaciones y los retiros espirituales tengan una función importante en la vida, un viaje de poder tiene otro significado. Un auténtico viaje de poder se da cuando sentimos intensamente que debemos cambiar radicalmente algo en nuestra vida. Muchas personas lo describen como tener una profunda sensación de claridad sobre su situación actual, unida a las difíciles preguntas que se hacen sobre el camino que tomarán en la vida. Esta llamada interior es la que nos empuja a hacer un viaje de poder.

¿Cómo puedes usar un viaje de poder como un medio de tu bolsa medicinal? En este capítulo te ofrezco tres formas de iniciarlo. La primera es hacer un viaje real a un destino geográfico que tenga un significado y una energía sagrados para ti. Después analizaré el poder transformador de recorrer un laberinto, ya que es posible que haya alguno bastante cerca de donde vives. Y, por último, describiré los viajes interiores de poder realizados mediante la imaginación activa, la meditación y la visualización. Recuerda que en la tradición tolteca tú eres el creador de tu historia: aunque te resulte útil hacer el mismo viaje que hicieron otras personas, los regalos que encontrarás en él serán única y exclusivamente para ti. Aunque vayas a un lugar que otras personas consideren sagrado, solo encontrarás los regalos de un viaje medicinal en los lugares que tú consideres sagrados.

Los viajes a lugares sagrados

Una sabia tía mía siempre está diciendo: «Hay ciertas cosas que solo se aprenden fuera de casa». Esta afirmación es cierta en el sentido práctico y también en otro sentido espiritual más profundo. Cuando nos pasamos la vida haciendo lo mismo, yendo a los mismos lugares de siempre y viendo a las mismas personas, nos acostumbramos a esta clase de vida. Y la rutina nos impide ver el mundo con nuevos ojos, abrirnos a posibilidades desconocidas y dejar atrás hábitos mentales y físicos.

En realidad, puede ser muy difícil saber si estamos actuando porque lo deseamos de verdad o porque nos condicionan las formas habituales de actuar. Pero cuando sales de tu panorama conocido y rompes con las rutinas de tu vida cotidiana, te es más fácil verte con la claridad necesaria para hacer cambios reales en tu vida. La idea de un viaje —sea o no un peregrinaje a un lugar sagrado— es un elemento esencial de la historia humana desde hace mucho tiempo. Te permite conocerte mejor y recibir al mismo tiempo la fuerza de un lugar de poder natural. De este modo dejas que el amor reluzca a través de ti y este amor cuenta la verdadera historia de quién eres.

Cuando sales de tu mundo conocido pueden ocurrir una serie de cosas capaces de producir unos efectos profundos y duraderos en tu vida:

- Si dejas la seguridad y la protección de tu comunidad establecida, puedes encontrar una comunidad nueva o aumentar la que ya tienes con los compañeros de viaje que has conocido.

- Si te descubres solo, adquieres la sabiduría especial que solamente aparece al pasar un tiempo en sagrada soledad.

- Si te enfrentas a dificultades, contratiempos y retos, aprendes a superar los obstáculos, adaptarte a situaciones nuevas y aprovechar la fuerza interior que ignorabas tener.

- Si te ves obligado a pedir una ayuda especial de los desconocidos que encuentras durante tu viaje, del mundo viviente o de tus guías interiores, agradeces haberla recibido.

- Si has estado lejos de tu casa por un tiempo, el viaje te permite ver con más claridad el lugar donde vives y apreciar mucho más tu hogar.

Como ya he señalado en el capítulo sobre los animales de poder, observar a un animal en concreto puede inspirarnos de muchas maneras distintas, y apreciar sus cualidades nos permite ver lo que es posible en nuestra vida. Contemplamos un ciervo que corre libremente y nos comprometemos a desarrollar la elegancia, la agilidad y la capacidad de estar en sintonía con el mundo que nos rodea. Vemos una aguililla cola roja volando por el cielo y nos inspira a cultivar cualidades como una gran perspectiva y una libertad pura. Del mismo modo, visitar lugares y tierras sagradas también es inspirador.

El viaje a Teotihuacán

En la tradición tolteca existe un lugar sagrado que para muchas personas representa uno de los viajes de poder más profundos de esta tradición. Se trata del complejo de la pirámide de Teotihuacán, en México. En la tradición oral de mi familia, se cuenta desde hace generaciones que los toltecas lo construyeron hace más de veinte siglos, cuando era para muchos un floreciente lugar en el camino hacia la libertad personal

En la actualidad miles de visitantes se maravillan cada año de las proezas arquitectónicas de quienes lo construyeron, pero la mayoría no se dan cuenta de que las plazas y las pirámides de Teotihuacán trazan un viaje de transformación espiritual increíblemente poderoso. Mi padre, mi hermano y yo organizamos con regularidad viajes en grupo para vivirlo en persona. Aunque el que describiré a continuación se realice en varios días, espero que esta breve descripción te ayude a entender cómo usar un viaje de poder para cultivar el crecimiento personal y la maestría del ser.

El viaje empieza en la Plaza del Infierno y en el Templo de Quetzalcóatl, donde los buscadores inician el proceso de observar los acuerdos que han hecho en su vida hasta ese momento y de descubrir cuáles son las ideas, creencias y suposiciones propias que han transformado su Sueño Personal en una pesadilla o en su versión de un infierno.

Los buscadores pasan a continuación a una etapa de práctica personal intensiva, concebida para la transformación, que además le permite al espíritu reintegrar el poder del aspecto divino femenino. Tras avanzar por las plazas del agua, de la tierra, el aire y el fuego, encuentran sosiego y alegría en la celebración de lo nuevo y en el renacer experimentado en lo alto de la Pirámide de la Luna.

Por último, tras el largo ascenso a lo alto de la gran Pirámide del Sol (la tercera pirámide más grande del mundo), los buscadores experimentan la elevación de la conciencia y la apertura de la libertad personal suprema. Se enfrentan en el largo viaje a las dificultades de su propio infierno, trabajan con las capas de creencias y acuerdos personales, y experimentan el gran renacer a modo de una profunda medicina que les transforma la conciencia. Ahora están listos para volver al mundo con una nueva perspectiva.

Si bien Teotihuacán es un lugar extraordinario que muchas personas consideran sagrado, como los miembros de la tradición tolteca, no es el único lugar donde podemos experimentar un viaje interior tan poderoso. Quizá te atraigan una serie de lugares antiguos sagrados o desees sentir la intensidad espiritual propia de los espacios naturales impresionantes, como la selva amazónica, el desierto de Chihuahua al oeste de Texas, la sabana africana, las imponentes montañas del Himalaya o las inmensas llanuras de la tundra ártica.

También me gustaría aclarar que para experimentar una transformación no es necesario viajar a un destino exótico. El secreto para realizar un viaje de poder es salir de tu zona de comodidad yendo a un lugar significativo que no conozcas. Aunque viajar a un lugar lejano encaje con esta descripción, también puedes hacer un viaje de poder al visitar un lago o una reserva natural cercanos, o incluso una antigua iglesia rural de madera que no se encuentre en el área urbana donde vives.

Si escuchamos nuestro interior, el viaje nos llamará para que lo emprendamos. ¿Por qué? Porque el nagual siempre está en nosotros y busca, por naturaleza, la expresión creativa y la expansión. El nagual nos invita a usar los viajes de poder para activar la transformación en nuestra vida.

Crea tu propio viaje de poder

Prepara y reúne:

- Una actitud de entrega.
- El deseo de adentrarte en lo desconocido.
- Tu destino elegido.
- Papel y bolígrafo, o cualquier otro utensilio para trazar una hoja de ruta.

El primer paso para hacer un viaje de poder es reconocer la llamada interior para emprenderlo y establecer la situación de tu vida que quieres explorar. Es el pueblo fantasma donde te descubres en el presente: algún aspecto de tu vida que se haya vuelto insoportable, vacío o aterrador. En cuanto hayas descubierto cuál es, resístete al impulso de buscar una solución a tu problema, pues el viaje de poder ya se ocupará de encontrarla. Las respuestas te llegarán, pero para poder recorrer el camino con el corazón abierto debes estar dispuesto a no querer controlar la situación durante un breve tiempo.

Mientras te entregas a tu viaje de poder y reiteras tu propósito, puedes decir lo siguiente (adáptalo a tus objetivos si lo deseas):

Mientras recorro las calles vacías del pueblo fantasma de _____ (mi situación), ayúdame a entregarme al poder de mi viaje. Dame la fuerza para desprenderme de lo que ya no me sirve y la fe para empezar un viaje hacia _____ (mi propósito).

El paso siguiente para empezar un viaje de poder físico consiste en descubrir el lugar sagrado que te está llamando. Quizá desees pasar un rato meditando ante tu altar o pedirle simplemente al mundo viviente que te guíe en ello. Sé consciente de cualquier anhelo profundo o imagen que aflore en tu mente, sobre todo si tiene la cualidad de uno de los elementos. ¿Estás buscando la fluidez del agua, el aire puro y cristalino de las montañas elevadas, o el misterioso abrazo de un bosque antiguo?

En cuanto hayas elegido tu destino, comprométete a ir a este lugar. Como a veces nuestras energías creativas nos abren nuevas puertas en la vida, es importante que seas flexible en este sentido. Quizá creas que debes ir a un lugar en concreto, pero de pronto aparece una situación inesperada que te lleva a otro viaje de poder. Sigue los dictados de tu corazón y no te cierres.

Antes de emprender este viaje físico, puedes hacerte una hoja de ruta. Como en cierto sentido te adentrarás en lo desconocido, tener una idea general de tus progresos te ayudará a conocer el recorrido que seguirás. Tu hoja de ruta puede ser en forma de parámetros espaciales o temporales, como en el caso del progreso espiritual que uno va haciendo al recorrer las plazas y las pirámides de Teotihuacán. Puede consistir en algo tan sencillo como elegir tres palabras o símbolos poderosos a modo de puntos de referencia que te sugieran el inicio, la mitad y el final de tu viaje de poder. En el complejo de Teotihuacán, serían los siguientes:

- *Inicio:* salida del infierno (al visitar la Plaza del Infierno).
- *Mitad:* viajar por los elementos (al visitar las plazas del fuego, del aire, del agua y de la tierra).
- *Final:* elevación de la conciencia (al subir a lo alto de la pirámide).

Tu viaje puede consistir en una progresión por cualquier combinación de símbolos, animales espirituales guía, elementos o atributos. También puedes hacer alguna de las ceremonias adivinatorias que he descrito antes para que te ayude a crear la hoja de ruta de tu viaje de poder. Elijas lo que elijas, la finalidad del viaje es aumentar tu poder personal mediante tus acciones directas, combinadas con la fuerza del lugar espiritual. Adondequiera que elijas viajar, te servirá como testigo viviente de tu nueva intención: al visitar ese lugar y recorrerlo físicamente, estás llevando a tu corazón y a tu mente las cualidades y las energías del espacio elegido.

Escribe tu hoja de ruta o deja los símbolos de tu viaje planeado encima de tu altar o dentro de tu bolsa medicinal.

Cuando estés preparado para visitarlo, recuerda que tu viaje te ayudará a progresar en el camino de la libertad personal. Todo lo que nos ha sucedido en la vida ya ha quedado atrás, no podemos cambiar el pasado. Pero sí podemos cambiar cómo vivimos con nuestro pasado y la vida que creamos en el presente en función de nuestras experiencias del pasado. La libertad consiste en comprender que tú eres el artista de tu vida. Aunque leas sobre el proceso en libros o escuches a alguien hablar de ello, hacer un viaje de poder —la experiencia física, emocional y espiritual— es el mejor medio para percibir lo que realmente eres. Si no te gusta el arte que estás creando, solo tú puedes cambiarlo.

Me gustaría añadir una cosa más antes de que te embarques en tu viaje de poder:

Tú eres el amor de tu vida.

Los demás llegarán y se irán de tu vida, pero tú estarás contigo mismo desde el principio hasta el final. Ten en cuenta que un viaje de poder te obligará a enfrentarte con esta relación única que mantienes contigo mismo, la más importante de todas, y te permitirá reconocerla como el amor divino de tu vida. Podrás encontrarte contigo mismo y preguntarte: «¿Cómo quieres pasar el resto de tu vida, amor mío?». En el fondo, todos queremos liberarnos de la negatividad y el miedo que nos mantienen en un estado de sufrimiento. Un viaje de poder nos ayuda a desprendernos por fin de estas energías, a ser realmente libres y a asumir la relación que mantenemos con nosotros mismos.

Recorrer el laberinto

La segunda forma de participar en una versión más cercana de un viaje de poder es meditar andando por un laberinto. Los laberintos se encuentran desde hace siglos en muchas culturas. Al igual que los tótems simbolizan ciertas energías poderosas en el mundo, los laberintos son una representación simbólica y práctica de los viajes espirituales. Un laberinto puede consistir en cualquier cosa: desde un dibujo en papel trazado con el dedo hasta un recorrido marcado en el suelo que realizas meditando.

Para este ejercicio busca una imagen con la que trabajar o consulta en Internet para encontrar un laberinto cerca de donde vives. Te sorprenderás al descubrir que por todo el mundo hay numerosos laberintos en iglesias y en espacios seculares. Esta página web es una buena fuente de información para encontrarlos: https://labyrinthlocator.com

En cierto modo, los laberintos se crean intencionadamente para confundir a la mente pensante. Los giros y vueltas que dan son para silenciar a nuestro juez y crítico interior, y volver al presente y al cuerpo físico. Este sentimiento de estar «perdidos», aunque en un lugar seguro, en un proceso que nos lleva hacia adelante —y hacia el interior—, nos produce paz y unas reflexiones profundas.

En lugar de llevarnos a callejones sin salida, un laberinto tradicional nos conduce al centro del círculo de manera lenta e irrevocable. Este centro es una poderosa metáfora de la parte más interior de nuestro ser, donde yace nuestra verdad más profunda. Cuesta vivir desde este profundo lugar interior a todas horas, pues tenemos que movernos por el mundo exterior con sus numerosas obligaciones. Por eso es tan importante dedicar un tiempo a realizar este corto viaje que nos lleva al centro.

Una vez en el centro, te puedes dedicar a hacer lo que te ha llevado a esta meditación. Puedes reiterar un propósito, soltar algún lastre, hacerte una pregunta o abrir tu corazón confiando en que se te revele el camino correcto.

Tras pasar un rato en el centro del laberinto, regresa al mundo siguiendo el mismo camino. Y al igual que ocurre con los viajes de poder más largos, te sentirás cambiado y renovado después de realizarlo.

En cuanto recorres un laberinto, ves lo poderoso que es en una serie de situaciones: a la hora de gestionar una pena, resolver un problema, solucionar un conflicto con los demás, analizar los sentimientos de soledad o agobio. Y puedes hacer este sencillo viaje una y otra vez. Cada vez que lo recorres, el laberinto te ofrece nuevas percepciones interiores.

Viajes de poder interiores

La tercera forma de hacer un viaje de poder es por medio de la imaginación, la meditación y la visualización. A continuación encontrarás un breve ejercicio que te permitirá hacerte una idea de lo que es un viaje de este tipo. Puedes adaptar esta meditación o crear la tuya, sobre todo si hay un lugar sagrado muy significativo para ti que ya hayas visitado y deseas visitarlo de nuevo en los mundos interiores.

Para empezar, ponte cómodo en el espacio que has elegido y respira profundamente varias veces para aquietar la mente. Enciende tu incienso preferido y deja que el arome te calme y despeje.

Imagina, como has hecho al principio del capítulo, que estás caminando por las polvorientas calles de un pueblo fantasma. Pasa el tiempo que sea necesario en este espacio y advierte el color de la tierra bajo tus pies, la forma y el estado de los edificios que tienes a los lados. ¿Ves alguna planta o alguna otra forma de vida? ¿O el lugar está totalmente abandonado? Ya sabes que este sitio simboliza algo de tu vida que ha llegado a su fin y que requiere tu atención. ¿Es un trabajo, una relación, una rutina o un punto de estancamiento en tu viaje espiritual? ¿Qué aspecto de tu vida necesita el poder transformador de tu propósito para cambiarlo de verdad?

Mientras caminas por el pueblo fantasma, notas además que te sientes más pesado. De pronto, descubres que es porque llevas los bolsillos de la chaqueta llenos de piedras. Por más que intentas sacártelas de los bolsillos, las piedras no disminuyen.

Imagina ahora que has llegado a los lindes del pueblo y que contemplas un hermoso espacio natural que se extiende ante ti. ¿Es un bosque? ¿Un desierto? ¿Un océano? Sea lo que sea, sabes que es un lugar de lo más renovador e inspirador. Solo de ver este espacio después de haber estado caminando durante tanto tiempo por el pueblo fantasma ya te sientes mejor. Es el camino que te espera.

Pero antes de abandonar el pueblo fantasma para adentrarte en este nuevo mundo descubres que uno de tus animales espirituales te está bloqueando el camino. Te dice que para internarte en el mundo que ves más allá de los límites del pueblo fantasma, tienes que abandonar una creencia o un acuerdo que te ha estado impidiendo resolver la situación sobre la que has estado reflexionando. Como quizá te lleve su tiempo averiguar cuál es, puede que tengas que dejar en este punto tu viaje de poder interior para escribir tus reflexiones en tu diario y meditar antes de retomarlo otro día para seguir progresando en él.

Si ya sabes de qué debes desprenderte y te sientes preparado para hacerlo, mete la mano en el bolsillo y saca una piedra. Dile a tu animal espiritual de qué te vas a desprender e impregna la piedra con tu propósito. La piedra simboliza ahora la creencia o el acuerdo que te ha estado impidiendo avanzar.

Cuando te sientas preparado, suelta la piedra. Siente tu mano aligerada de su peso al saber que ahora eres libre. Agradécele a tu animal espiritual su ayuda y da los primeros pasos hacia tu nueva vida. Si tu nuevo mundo es un bosque, imagina la refrescante sombra de la vegetación sobre el rostro después de haber estado caminando durante tanto tiempo bajo el sol. Si es un océano, deja que las olas rompiendo en la orilla te cubran los pies. Siente en el corazón que has dado el primer paso importante hacia una verdadera libertad.

Cuando estés preparado, vuelve al presente y respira profundamente varias veces para despejarte. Si lo deseas, escribe tus experiencias en tu diario. Bebe un vaso de agua y da de nuevo las gracias a tus animales espirituales.

No es más que el primer paso. A partir de aquí puedes escribir tu propio viaje y sacarte más piedras de los bolsillos para seguir avanzando en la nueva vida que estás creando.

▲▼▲▼▲▼▲

Sea cual sea el método elegido —visitar un lugar espiritualmente importante para ti, meditar andando o visualizar una nueva forma de vivir—, los viajes de poder son una de las prácticas más transformadoras que puedes encontrar. A menudo, el deseo de aceptar los cambios y de abandonar antiguos acuerdos deja el espacio para otros nuevos, justo lo que necesitas para despertar al artista interior que todos llevamos dentro.

CONCLUSIÓN

Ha llegado el momento de que vuelva el lobo…

Cuando nos disponemos a seguir el camino de los chamanes, aceptamos la gran tarea de equilibrar nuestro ser. Al realizar con pasión rituales y ceremonias, respetar el mundo natural, crear un espacio sagrado, limpiar nuestro corazón, conectar con la Madre Tierra y honrar a los ancestros, somos capaces de sanarnos a nosotros mismos, y esta sanación nos permite empezar a ver el mundo con nuevos ojos: los ojos de un artista totalmente despierto al Sueño del Planeta, un artista que se ha comprometido a cambiar su Sueño Personal para mejor.

Este es el camino de la transformación.

Los medios, las ceremonias, los rituales y los ejercicios de este libro se han ofrecido como puntos de inicio del camino único que sigues como artista de tu propia vida y soñador de tu sueño. Al practicarlos con regularidad advertirás incluso con más agudeza aún los aspectos de tu vida que requieren una atención sanadora, lo cual te ayudará a avanzar por el camino de una libertad verdadera y del despertar espiritual. Si sientes el deseo de hacerlo, busca una comunidad de personas que estén interesadas en las ceremonias y los rituales. Será una forma maravillosa de compartir tu viaje y aprender de los demás.

El trabajo que haces con tu bolsa medicinal te sirve para este viaje, tanto si se trata de la bolsa medicinal que llevas colgada alrededor del cuello como de tu bolsa medicinal simbólica llena de creencias, acuerdos, suposiciones y relatos sobre ti. Al aprender cómo enriquece o empobrece tu vida cada uno de los elementos de tu bolsa medicinal, y al cambiar su contenido con los rituales y las ceremonias de este libro, participas en un proceso de despertar que puede cambiarte la vida.

Todos los seres de este planeta nos encontramos en un momento crítico. Al ser más conscientes de ello, despertar al sueño y convertirnos en artistas de nuestra propia vida, cada uno de nosotros se une a un movimiento más grande hacia la sanación y el amor por todo.

SOBRE EL AUTOR

Don Jose Ruiz nació en Ciudad de México y creció en Tijuana, México. Desde su niñez recibió la guía de muchos maestros presentes en su vida, incluida su madre, Maria, su padre, don Miguel, y su abuela Sarita.

En su calidad de nagual (que significa «chamán» en náhuatl), don Jose amplía con nuevas percepciones la antigua sabiduría de su familia, trasladándola a conceptos prácticos de la vida cotidiana que fomentan la transformación por medio de la verdad, el amor y el sentido común. Don Jose ha dedicado su vida a compartir la sabiduría tolteca y viaja por todo el mundo ayudando a los demás a encontrar su propia verdad personal.

Además de *La bolsa medicinal,* ha escrito *La sabiduría de los chamanes,* y es coautor de *El quinto acuerdo,* en colaboración con su padre, don Miguel Ruiz, autor de *Los cuatro acuerdos.*